Sabine Gruber und Peter Eickhoff

111 Orte in Südtirol, die man gesehen haben muss

emons:

Bibliografische Information der Deutschen Nationalbibliothek
Die Deutsche Nationalbibliothek verzeichnet diese Publikation in der Deutschen Nationalbibliografie; detaillierte bibliografische Daten sind im Internet über http://dnb.d-nb.de abrufbar.

MIX
Papier aus verantwortungsvollen Quellen
FSC® C010135
FSC
www.fsc.org

Sabine Gruber dankt der Südtiroler Landesregierung/Abteilung Deutsche Kultur.

Gestaltung: Eva Kraskes, nach einem Konzept von Lübbeke | Naumann | Thoben
Kartografie: altancicek.design, www.altancicek.de
Kartenbasisinformationen aus Openstreetmap,
© OpenStreetMap-Mitwirkende, ODbL
Druck und Bindung: B.O.S.S Druck und Medien GmbH, Goch
Printed in Germany 2014
ISBN 978-3-95451-318-5
Originalausgabe

Vorwort

Man kann vermuten, warum Albrecht Dürer ausgerechnet das Südtiroler Künstlerstädtchen Klausen als Background für seinen berühmten Kupferstich »Das große Glück« wählte. Vermutlich hat er es hier auf der Durchreise vorübergehend gefunden. Auch heutige Reisende empfinden ähnlich, und die Südtiroler bestätigen es gern: Auf der Sonnenseite der Alpen liegt dieses großartigste aller alpinen Sehnsuchtsländer, dessen vielen Facetten man am nächsten kommt, wenn man sich an Übertreibungen hält.

Wo kann man schon unter Palmen sitzen und auf schneebedeckte Berge blicken?

Neben eleganten Wellnesshotels, romantischen Frühstückspensionen, Schützenumzügen, Wiesenfesten und Prozessionen hat sich jedoch längst auch ein anderes, polyglottes und multikulturelles Südtirol etabliert, das von seiner geographischen Lage und den Einflüssen nord- und südeuropäischer Traditionen profitiert und sein historisches Erbe kritisch betrachtet.

Bergluft und Weltluft ergeben eine interessante Mischung, auch in diesem Buch.

Wo brach Sigmund Freud die letzten Tabus? Wo hinterließ Luis Trenker seine gesammelten Erzählungen? Wo sprang Leni Riefenstahl ins kalte Wasser und wurde damit berühmt? Und über welchem Kloster dreht sich der Halbmond noch heute im Wind?

Wer erfahren will, in welchem Gasthaus sich Südtirols »Bumser« trafen, wo die Nazis ihr Gold versteckten, ein Free Jazzer Würstel kocht und die besten Knödel gerollt werden, findet auf den nächsten Seiten 111 Orte, die Südtirol einmal anders zeigen: hintergründig, abgründig, tiefgründig – und natürlich umwerfend schön.

111 Orte

1 Das Haus des Heiligen

Ich möchte Chinese sein

Man sollte meinen, dass es in unseren unheiligen Zeiten eigentlich keine Heiligen mehr gibt, abgesehen von den historischen natürlich, deren freundliche Unterstützung bei Blitz und Donner, Steinschlag und Halsschmerzen so vielfältig bezeugt wurde. Umso erstaunlicher ist es, dass gerade in der Gegenwart die neuen Heiligen so zahlreich wie Pilze aus dem Boden schießen.

Papst Johannes Paul II., selbst mittlerweile heiliggesprochen, sprach gern heilig. Während seines Pontifikats von 1978 bis 2005 bekam die gläubige Christenheit 482 neue Heilige. Josef Frëinademetz aus dem kleinen Weiler Oies ist einer von ihnen. 1852 geboren, wurde er 1875 in Brixen zum Priester geweiht und war bereits vier Jahre später einer von zwei Missionaren, die vom Steyler Missionshaus in den Niederlanden, einer Gründung des ebenfalls heiliggesprochenen Arnold Janssen, nach China geschickt wurden. Rückblickend ist es nicht eindeutig zu klären, ob Frëinademetz die Chinesen bekehrte oder sie ihn. Gegen Ende seines Lebens sah er aus wie ein Chinese, und »auch im Himmel möchte ich ein Chinese sein«, soll er schließlich als letzten Wunsch geäußert haben, bevor es, in seinen eigenen Worten, »nach oben« ging. Er starb 1908 an Typhus.

Spätestens seit der Seligsprechung 1975 ist sein Geburtshaus das Ziel vieler Pilger. In dem alten, museal hergerichteten Bauernhaus aus dem 18. Jahrhundert kann man die schlichten und beinah minimalistischen Verhältnisse respektvoll bewundern, aus denen Frëinademetz kommt. Wenn man durch die Räume geht, durch die auch er als Kind gegangen war (aus China kehrte er nicht mehr in seine Heimat zurück), und die wenigen greifbaren Hinterlassenschaften seines Lebens in den Vitrinen betrachtet, kann man das mit der hoffnungsfrohen Erkenntnis tun, dass das Heilige (wovon auch schon der Apostel Paulus überzeugt war) in jedem von uns steckt.

Adresse Oies 6, 39036 Abtei | **ÖPNV** Bus 460, Haltestelle Abtei | **Anfahrt** A 22, Ausfahrt Brixen-Nord Richtung Bruneck bis St. Lorenzen, rechts ins Gadertal bis Pedraces, dort der Beschilderung nach Oies folgen | **Öffnungszeiten** Geburtshaus und Kapelle ganzjährig Mo–So 8–20 Uhr | **Tipp** Sehr gute ladinische Küche gibt es im kleinen, unprätentiösen Restaurant Maso Runch, Runch 11, in Abtei.

2 Der Krimmler Tauernweg

Passage nach Genua

Nach den grauenhaften Erfahrungen unter dem Naziregime wollten viele überlebende Juden nach dem Krieg verständlicherweise nichts wie weg. Vor allem der europäische Osten war zur Grabkammer eines ganzen Volkes geworden. 1946/47 machten sich viele Flüchtlinge auf den Weg nach Mitteleuropa; ihr Ziel war das Gelobte Land, damals noch unter britischer Verwaltung. Bis 1948 waren es fast 200.000 Juden, die mit Hilfe von jüdischen Fluchthilfeorganisationen ihre Reise Richtung Adria antraten.

Eine der illegalen Haupttransitrouten führte durch Österreich und Italien, genauer gesagt über die Krimmler Tauern, weil dort im Gegensatz zu den regulären Grenzstellen am Brenner- und Reschenpass keine Polizisten und Alliierten patrouillierten. Der 2.636 Meter hohe Gebirgspass, auf dem seit 1919 die österreichisch-italienische Staatsgrenze verläuft, erlaubte es den aus den Konzentrationslagern und zerstörten Städten kommenden jüdischen Flüchtlingen, ins italienische Südtirol und von dort weiter zum Hafen von Genua zu gelangen, wo die Schiffe nach Palästina warteten.

Bergbegeisterung war unter den etwa 5.000 Flüchtlingen 1947 wohl keine aufgekommen. Die geschwächten Männer, Frauen und Kinder kamen schließlich nicht, um die Schönheit dieses Wildbachtals zu bewundern, sondern um einen gangbaren Weg in die Freiheit zu finden. Viele waren vorher noch nie auf einem Berg gewesen und froh, den Abstieg nach Kasern (1.595 Meter) geschafft zu haben.

Auf der österreichischen Seite drückten die Gendarmen, die den regen Anreiseverkehr natürlich bemerkt hatten, beide Augen zu, auf der italienischen wurden die Carabinieri mit Konservendosen und Zündhölzern bestochen; manchmal halfen die Militärpolizisten sogar, Kinder ins Tal zu tragen.

Mit der Staatsgründung Israels im Mai 1948 hörte der heimliche Transit auf; die Juden konnten von nun an legal in ihr Land einreisen.

Adresse Kasern, 39030 Ahrntal | **ÖPNV** Bus 450, Haltestelle Kasern, dann Fußweg | **Anfahrt** A 22, Abfahrt Brixen, Pustertaler Straße bis Abfahrt Bruneck-West, dann Richtung Ahrntal bis Kasern, am Ende des Ortes Parkplatz | **Öffnungszeiten** witterungsabhängig, Aufstieg vom Parkplatz in Kasern, Gehzeit circa 3 Stunden | **Tipp** Die Krimmler Tauern-Almhütte ist von Mai bis Oktober bewirtschaftet, sie bietet auf halbem Weg eine herrliche Aussicht und kleine, kräftigende Speisen.

3 AUR-ORA

Ein Bahnhof macht Kultur

Noch während des Ersten Weltkriegs startete vom Fleimstalbahnhof die längste Schmalspurbahn der Monarchie. Sie verband das Südtiroler Unterland mit Predazzo. Man brauchte schnell einen Nachschubweg für den Dolomitenkrieg und setzte neben der 28. k. u. k Eisenbahnkompanie auch Kriegsgefangene für die Errichtung der Bahnstrecke ein. Später wurde auf dieser Trasse vor allem Holz transportiert; 1963 wurde der Bahnbetrieb eingestellt.

Als Brigitte Candin und ihr Partner Markus 1996 die Bahnhofsbar und die dazugehörigen Räumlichkeiten übernahmen, waren mehr als drei Jahrzehnte vergangen, und es musste kräftig renoviert werden: Die Wände wurden bunt gestrichen, Leitungen erneuert, die Bahnhofsarchitektur den eigenen Bedürfnissen angepasst.

Zur üblichen Laufkundschaft, vor allem Schüler und Arbeiter, die vom gegenüberliegenden Bahnhof den Zug der Bahnlinie Verona–Bozen in die Landeshauptstadt nehmen, gesellten sich immer neue Interessierte dazu. So wurde aus dem heruntergekommenen Fleimstalbahnhof nach und nach ein multiethnischer und multikultureller Treffpunkt, den vor allem jene gern aufsuchen, die mit den hiesigen Schützen- und Trachtenvereinen nichts anfangen können.

Aus der Schalterhalle ist ein kleiner, 40 Sitzplätze umfassender Veranstaltungsraum geworden. In den Anfangszeiten hat der Filmclub hier noch seine Filme gezeigt, bis er in einen größeren Saal zog. Heute ist das Kinoprogramm eher mickrig, aber die Tradition der Livekonzerte, Lesungen, Ausstellungen und Diskussionsrunden wird erfolgreich fortgesetzt.

Inzwischen wurde AUR-ORA an den italienischen Kulturverein ARCI verpachtet, aber man sitzt im Sommer noch immer in den roten und blauen Korbstühlen unter dem mit wildem Wein überwachsenen Vordach, und im Winter sorgen die Öfen, die noch mit Holz und Briketts befeuert werden, für eine angenehme Wärme und gemütliche Stimmung.

Adresse Bahnhofstraße 45, 39040 Auer | **ÖPNV** mit dem Zug, Haltestelle Bahnhof Auer; Bus 122, 128, Haltestelle Bahnhof Auer | **Anfahrt** A 22, Ausfahrt Neumarkt/Auer/Tramin, im Kreisverkehr 2. Ausfahrt SP 16, im nächsten Kreisverkehr 2. Ausfahrt SS 12 nehmen, dem Schild »Bahnhof« folgen | **Öffnungszeiten** Mi–Mo 7–21 Uhr (bei Veranstaltungen länger) | **Tipp** Die geschmackvoll eingerichtete Bar Heidi in den unteren Laubengängen von Neumarkt bietet köstliche selbst gemachte Kuchen.

4 Castelfeder

Nicht ohne meine Tochter

Es kann nur an der Fruchtbarkeitsrutsche liegen. Schon die Frauen der Venosten, Isarken, Tridentiner, Anaunen, Sävaten und Laianken, also der Stämme, die heute als Südtiroler bekannt sind, erhofften sich hier, wenn er ausblieb, Kindersegen. Die Rutsche ist recht kurz, was daran liegen mag, dass die Menschen damals klein waren oder die gewünschte Wirkung nicht lang auf sich warten ließ. Im Fels ist sie nur schwer zu erahnen, weshalb in jüngster Zeit, um Fehlinterpretationen vorzubeugen, ein Hinweisschild angebracht wurde. Andererseits ist diese bemerkenswerte Rutsche genügend fühlbar, was den Schluss zulässt, dass hier auf Castelfeder eine ganze Menge Frauen entweder aus Not oder aus reiner Lust heruntergerutscht sind und sich gewissermaßen in den Fels eingeschliffen haben.

Wie ernst diese möglicherweise laszive und moralisch verheerende Wirkung der Rutsche selbst noch nach der Christianisierung genommen wurde, zeigt die als Ruine erhaltene Barbarakapelle. Die Kapelle wurde im 6. Jahrhundert als Gegengewicht zu öffentlichen Fruchtbarkeitsneigungen und auch als ermahnender »Zeigefinger Gottes« an der höchsten Stelle von Castelfeder erbaut. Die heilige Barbara hatte nämlich ihre Jungfräulichkeit standhaft auf Leben und Tod verteidigt.

An sonnigen Tagen, unter einem stetigen Wind und den dauerhaften Geräuschen der Autobahn tief unten im Tal, lagern meist junge Paare verstreut, aber intensiv zweisam im Gras. Der Hügel und sein genügend großes Gelände eignen sich auch ganz hervorragend für Feste, Partys und Gesangseinlagen. Schon vor 2.000 Jahren wurden auf diesem Felsrücken heidnische Feste gefeiert und Brandopfer dargebracht.

Reste einer etwa 500 Meter langen Burgmauer zeugen auch von der strategischen und militärischen Bedeutung Castelfeders. Wer den Felsen hatte, hatte außer dem Spaß in den Nächten auch noch die Kontrolle über das Tal.

Adresse Castelfeder, oberhalb von 39040 Auer | **ÖPNV** Bus 142, Haltestelle Montan, dann Fußweg | **Anfahrt** A 22, Ausfahrt Neumarkt/Auer, kurz vor Auer Richtung Fleimstal auf SS 48 abbiegen; in der 3. Kehre beim Sportplatz sind Parkmöglichkeiten, dann Fußweg | **Tipp** Die alte Eisenbahntrasse der ehemaligen Fleimstalbahn mit Tunneln und Viadukten ist heute eine beliebte Wander- und Bikerstrecke.

5 Das Durchgangslager

Leidvolle Zwischenstation

In den 1960er Jahren errichtete man auf dem ehemaligen Lagerareal in der Reschenstraße Wohnungen für Staatsbeamte; man wollte die Geschichte dieses Ortes vergessen machen. An das Durchgangslager erinnert heute nur mehr ein Stück Umfassungsmauer von 91 mal 146 Metern; die Mauer wurde erst vor einigen Jahren von der Stadtgemeinde Bozen unter Schutz gestellt.

Vom Sommer 1944 bis Kriegsende 1945 waren hier mehr als 11.000 Häftlinge aus 29 Ländern eingesperrt. Viele wurden in die Konzentrationslager Mauthausen, Dachau, Flossenbürg, Auschwitz und Ravensbrück weitertransportiert, andere wurden zu Zwangsarbeiten in der Kugellagerfabrik im Virgltunnel oder zu Straßenarbeiten im Sarntal herangezogen; wieder andere mussten am Untermaiser Bahnhof Güter umladen oder in Gossensaß die Hotels der SS-Wachmannschaft reinigen. Das Bozner Lager bestand aus zwei großen Baracken, bei denen es sich um aufgelassene Werkzeughallen handelte; das Gelände wurde zusätzlich von Gewehrschützen bewacht, die auf Holztürmen positioniert waren. Laut Augenzeugen herrschte im Frauenlager »la tigre«, Hildegard Lächert, die zuvor im KZ Majdanek Aufseherin gewesen war. Im Männerlager galten vor allem die SS-Kommandanten Otto Sain und Mischa Seifert als sadistisch und grausam; Seifert konnte sich zu Kriegsende nach Kanada absetzen; er wurde erst im Jahr 2000 zu lebenslanger Haft verurteilt.

Die Inhaftierten setzten sich vorwiegend aus Partisanen, Juden, Sinti und Roma zusammen, aber auch aus zahlreichen oftmals weiblichen Geiseln, die im Rahmen der sogenannten Sippenhaft anstelle eines Verwandten einsaßen, den die Nazis und Faschisten nicht ergreifen konnten. Die Sippenhäftlinge waren zwar den Schikanen und Grausamkeiten der Aufseher ausgeliefert, das Lager war für sie jedoch keine Zwischenstation zur Liquidation. Von den in die Konzentrationslager deportierten Männern, Frauen und Kindern hat nur ein Drittel überlebt.

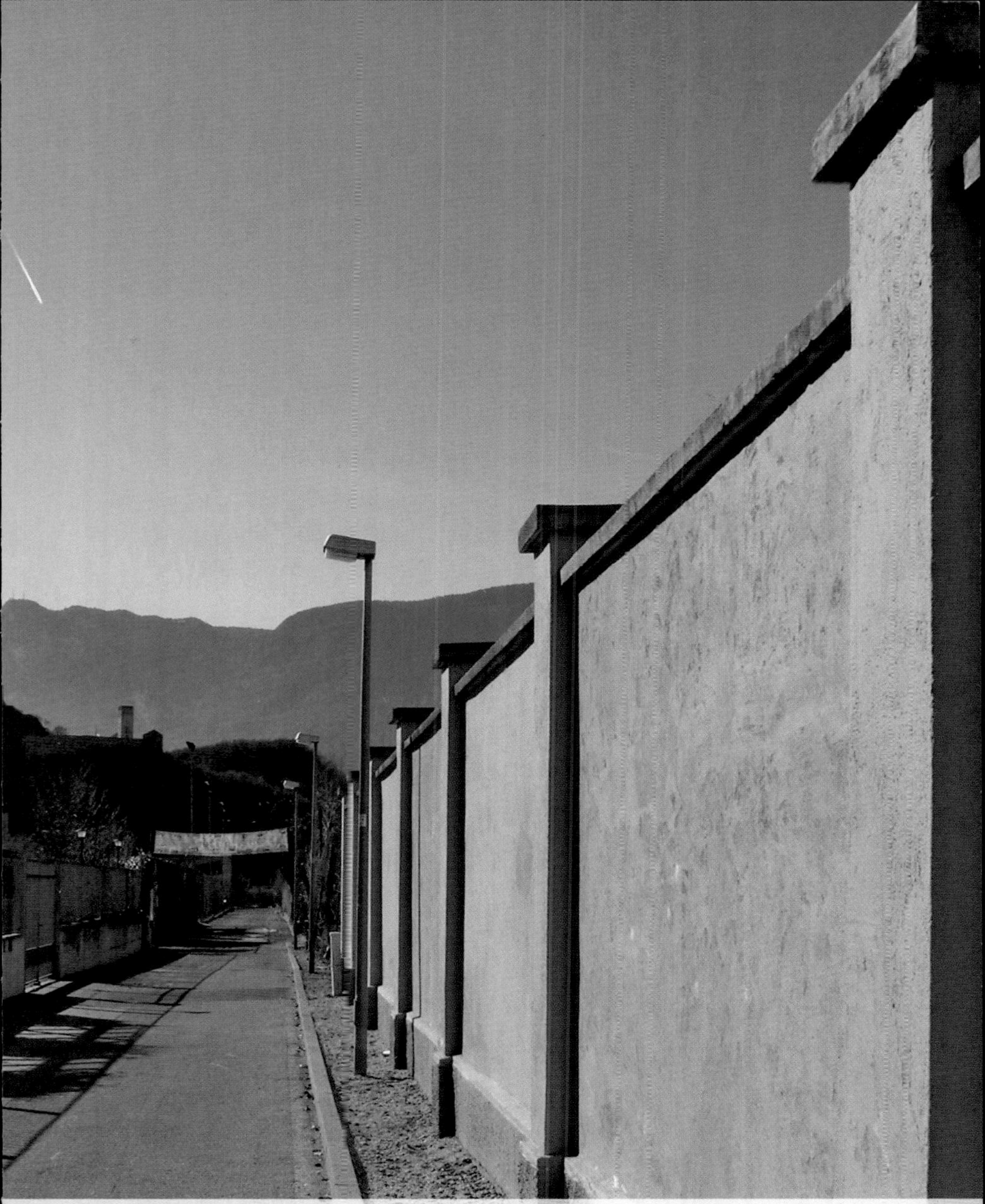

Adresse Reschenstraße, Höhe Nummer 82, 39100 Bozen | **ÖPNV** Bus 3, Haltestelle Reschenstraße | **Anfahrt** A22, Ausfahrt Bozen-Nord, SS 12 Richtung Kardaun / Bozen, auf der linken Seite Richtung Reschenstraße abbiegen, die Reschenbrücke passieren, weiter auf der Reschenstraße | **Öffnungszeiten** ganzjährig | **Tipp** Das Bozner Stadtarchiv in der Gumergasse ist das historische und kulturelle Gedächtnis Bozens und Südtirols; hier lagern wichtige Schriften und Dokumente aus über 700 Jahren.

6 Die »Eiswerkstatt« Avalon

Eisinsel der Seligen

In der Literatur ist Avalon ein mystischer Ort, eine sagenhafte Insel, zu der nur Eingeweihte gelangen, welche den Weg durch den Nebel finden. Wer das Avalon unter den Arkadengängen der Bozner Freiheitsstraße einmal entdeckt und von dem vorzüglichen Speiseeis gekostet hat, wird an industriell hergestellten Eisprodukten wenig Freude mehr haben. Denn das Eis Paolo Colettos (Jahrgang 1959) ist Natureis pur und eine Geschmackssensation.

Nicht nur an heißen Tagen stehen Einheimische wie Touristen vor dem Geschäft Schlange. Es hat sich herumgesprochen, dass der seit mehr als 30 Jahren an neuen Eiskreationen wie Persia (mit einer Safran- und Rosenölnote) oder Avocado-Ziegenmilch-Eis tüftelnde Gelatiere zu den besten Italiens gehört.

Seine Mutter Elvira stammt aus Cortina d'Ampezzo, nicht weit von Longarone, der Hochburg des Gelato Artigianale, wo jährlich die Internationale Messe für Speiseeis stattfindet. Elvira war in den 1950er Jahren selbst Eismacherin in der berühmten Bar Moretti in Bozen und hat ihrem Sohn Paolo, nachdem er das Gymnasium abgebrochen hatte, jene sechs Eisrezepte in die Hand gedrückt, die Ausgangspunkt für seine bemerkenswerte Karriere waren.

Paolo Coletto sucht die Ingredienzien für sein Speiseeis nach ethischen und ökologischen Kriterien aus und kennt die Orte, an denen »seine« Früchte wachsen. So bezieht er die Erdbeeren und die Aprikosen aus dem Vinschgau, die Himbeeren aus Völs und die Heidelbeeren aus dem Pustertal. Die Pistazien hingegen kommen aus Sizilien, die Haselnüsse aus dem Piemont. Dass der Meister seine Eissorten ohne Zusatzstoffe und aus nicht homogenisierter Biomilch und Biosahne herstellt, merkt man ihnen an.

Coletto, der an manchen Sommertagen bis zu 18 Stunden arbeitet, zieht sich im Winter nach Indien zurück, um zwei Monate lang Yoga zu machen. Denn der nächste Ansturm der Eingeweihten auf die Eisinsel bleibt nicht aus.

Adresse Freiheitsstraße 44, 39100 Bozen | **ÖPNV** Bus 10, Haltestelle Freiheitsstraße | **Anfahrt** Im Kreisverkehr vor dem Bahnhof Bozen die Ausfahrt Garibaldistraße nehmen, geradeaus über den Verdiplatz, die Marconistraße und anschließend die Drususallee entlang, dann in die Italienallee abbiegen, nach 750 Metern gelangt man rechts in die Freiheitsstraße. | **Öffnungszeiten** Mo–Fr 11–22 Uhr, Sa–So 10–22 Uhr | **Tipp** In der nahen Benediktinerabtei Muri-Gries wird der Lagrein, Südtirols Vorzeige-Rotwein, gekeltert.

7 Der Filmclub

Schmugglerware

Deutschsprachige Kinos, die hochwertige Filme zeigen, waren keine Selbstverständlichkeit in einem Land, in dem zuerst der italienische Faschismus regierte und schließlich für lange Zeit Kultur mit Brauchtum und Heimatpflege gleichgesetzt und Identität als Abgrenzung gegen die anderen Sprachgruppen verstanden worden war.

Die Zwischentitel der ersten italienischen Stummfilme hat man zur Zeit des Mussolini-Faschismus noch teilweise ins Deutsche übersetzt, mit dem Aufkommen des Tonfilms war dies nicht mehr möglich; es wurden nur noch italienischsprachige Filme gezeigt. Die Situation änderte sich, als die deutsche Wehrmacht einmarschierte: Ab Herbst 1943 flimmerten deutschsprachige Propagandafilme über die Leinwände, in den 1950er Jahren waren es Heimatfilme und Liebesromanzen, gefolgt von Karl-May-Verfilmungen in den 1960er Jahren. Mit der Einführung der deutschen und österreichischen Fernsehprogramme 1973 blieben viele einfachheitshalber zu Hause: Das große Kinosterben begann. Doch den Wunsch nach niveauvollen, öffentlich vorgeführten Filmen konnte auch das Fernsehen nicht befriedigen.

Trotz schwieriger italienischer Zoll- und Zensurbestimmungen fanden sich durch die Kooperation mit österreichischen Film- und Kulturinstitutionen und durch ein neues Vereinsstatut nach und nach Wege hin zu einem anspruchsvollen Programmkino. Die Pioniere des 1978 gegründeten Filmclubs – zu ihnen zählt der derzeitige Programmleiter Martin Kaufmann – hatten einst deutschsprachige Filme aus dem Ausland nach Bozen geschmuggelt, um die strengen Importbestimmungen des italienischen Staates zu umgehen.

Heute sorgt ein modernes Drei-Saal-Kino mit mehr als 200 Filmvorführungen pro Jahr für eine mehrsprachige Filmkultur. Ihren Höhepunkt findet sie in den »Bozner Filmtagen«, einem Festival, das seit 1987 Kunstproduktionen aus Italien, Deutschland, Österreich und der Schweiz präsentiert.

Adresse Dr.-Josef-Streiter-Gasse 8/d, 39100 Bozen | **ÖPNV** 550 Meter vom Bahnhof entfernt; die Laurinstraße bis zur Fußgängerzone vorgehen, weiter in die Weintraubengasse, dann Bindergasse, links in die Dr.-Josef-Streiter-Gasse abbiegen | **Anfahrt** Brennerautobahn A 22, Ausfahrt Bozen-Nord, SS 12 Richtung Kardaun/Rentsch/St. Magdalena, dann auf die SS 22 Brennerstraße, Rittner Straße bis zum Bahnhof, dort sind diverse Parkgaragen | **Öffnungszeiten** Nachmittags- und Abendvorführungen | **Tipp** Im angrenzenden Capitol Garden gibt es erfrischende Aperitifs und Snacks, bei Regen kann man ins Bistro Capitol Café ins erste Obergeschoss ausweichen.

8 Die »Fränzi«

Mit Gottes Hilfe

Auf dem Weg nach Norden machten die Ordensbrüder des heiligen Franz von Assisi auch in Bozen halt und ließen sich 1221 an der Stadtmauer nieder. Heute verbinden viele Einheimische mit den Franziskanern die Eliteschule des Landes, kurz »Fränzi« genannt. Nicht wenige prominente Südtiroler haben das unter Kaiserin Maria Theresia gegründete humanistische Gymnasium besucht. Seit etwas mehr als zwei Jahrzehnten sind auch Mädchen zugelassen. Die wenigen verbliebenen Patres arbeiten heute in der Seelsorge und an der Schule, die meisten Lehrkräfte sind inzwischen Laien.

Klöster sind häufig nicht nur Bildungsstätten, sondern auch Gästehäuser für Durchreisende. Das Bozner Kloster eignete sich aufgrund der geographischen Lage besonders gut als Zwischenstopp auf dem Weg nach Rom, leider aber auch – wie man bei Hannah Arendt nachlesen kann – als Zufluchtsort für einen berüchtigten Massenmörder. Durch die ungeklärte Staatsbürgerschaft der Südtiroler nach 1945 wurde das Land zu einem Schlupfloch für Flüchtlinge und Kriegsverbrecher und das Franziskanerkloster zu einer gefragten »Asyl-Adresse« für Naziverbrecher. So versteckte sich auch Adolf Eichmann, der an der Ermordung von schätzungsweise sechs Millionen Menschen beteiligt gewesen war, einige Wochen im Kloster, bevor er seinen neuen Ausweis ausgehändigt bekommen hat. Getarnt als staatenloser Südtiroler, entkam er unter dem Namen Ricardo Klement über Genua nach Argentinien. Einer seiner Fluchthelfer war Oswald Pobitzer, genannt Pater Franz, der schon als 14-Jähriger am Marsch der Faschisten auf Bozen teilgenommen hatte.

Es waren nicht alle so: Während Kirchenleute wie Pobitzer möglicherweise aus Angst vor einer kommunistischen Machtübernahme und aus Gram über den allgemeinen Sittenverfall nach ideologischen Verbündeten suchten, sahen andere in Hitler einen Antichristen und zeigten echte Nächstenliebe.

Adresse Franziskanergasse 1, 39100 Bozen | **ÖPNV** 700 Meter vom Bahnhof entfernt; die Laurinstraße bis zur Fußgängerzone vorgehen, weiter in die Weintraubengasse, dann Bindergasse, erst links in die Dr.-Josef-Streiter-Gasse, dann rechts in die Franziskanergasse abbiegen | **Anfahrt** Brennerautobahn A 22, Ausfahrt Bozen-Nord, SS 12 Richtung Kardaun / Rentsch / St. Magdalena, dann auf die SS 22 Brennerstraße, Rittner Straße bis zum Bahnhof, dort sind diverse Parkgaragen | **Öffnungszeiten** Klosterkirche Mo–Sa 10–12 und 14.30–18 Uhr, So 15–18 Uhr | **Tipp** In der Klosterkirche steht der spätgotische Weihnachtsaltar (um 1500) von Hans Klocker, dessen geöffneter Schrein die Geburt Jesu zeigt.

9 Das Garel-Zimmer

Runkelsteiner Filmkulissen

»Ich hab schon wundervolle Gesichter gesehen, vor allem von alten Männern, die all die Poesie in Erinnerung rufen, die man aus der deutschen Welt kennt.« Die Suche nach Darstellern und Orten sei der schönste Moment seiner Arbeit, bekannte Pier Paolo Pasolini. Bei seiner Reise durch halb Italien Ende der 1960er Jahre fand er »sein« Italien mit den unterschiedlichen Volkskulturen vom Neokapitalismus zerstört, umso begeisterter zeigte er sich von der Südtiroler Traditionsliebe.

Nach der mythischen »Medea« kehrte Pasolini mit dem Film »Decameron« wieder zur Seele des Volkes zurück und verfilmte sieben Episoden aus Giovanni Boccaccios Klassiker »Decamerone«.

Als Drehort für die Geschichte Ser Ciappellettos, der als Notar für Messer Musciatto im Norden Geld eintreiben soll, wählte Pasolini Schloss Runkelstein, eine der schönsten Burganlagen Südtirols. Im Garel-Zimmer mit dem spätgotischen Kamin und den Wandmalereien zur mittelhochdeutschen Versdichtung »Garel zum blühenden Tal« bricht der Mann, der ein lasterhaftes, betrügerisches Leben geführt hat, während der geschäftlichen Verhandlungen zusammen. Er schafft es wenig später, mit einer erlogenen Beichte einen Mönch hinters Licht zu führen und am Ende als Heiliger begraben zu werden.

Die idealisierte ritterliche Welt der Fresken mit ihren Sagen, höfischen Szenen und ihrer Darstellung der heidnischen und biblischen Helden sowie der christlichen Könige und Riesenfrauen ist das Gegenprogramm zum archaischen, volksnahen Film. Dieser widmet sich den einfachen Leuten und ihrem Verlangen nach Macht und Liebe.

Runkelstein am Eingang zum Sarntal bot auch anderen Filmschaffenden eine ideale Filmkulisse. So hat hier schon Leni Riefenstahl 1931 Szenen für »Das blaue Licht« gedreht. Als Statisten karrte sie Sarntaler Bauern heran, denen sie Wein zu trinken gab, um »die ersten Hemmungen« zu lösen, »dann klappte alles wunderbar«.

Adresse St.-Anton-Straße 15, Kaiser-Franz-Josef-Weg, 39100 Bozen | **ÖPNV** werktags Bus 12, sonn- und feiertags Bus 14, Haltestelle Schloss Runkelstein | **Anfahrt** A 22, Ausfahrt Bozen-Nord, SS 12 Richtung Kardaun/Bozen/Jenesien/Ritten/Eggental/Sarntal, die Ausfahrt Rentsch/St. Magdalena nehmen, der Beschilderung Sarntal/Schloss Runkelstein folgen | **Öffnungszeiten** Di–So 10–18 Uhr, Oster- und Pfingstmontag geöffnet, 24.12., 25.12., 31.12., 1.1. geschlossen | **Tipp** Die ältesten profanen romanischen Wandmalereien Südtirols, die Iwein-Fresken, sind in Schloss Rodenegg am Eingang des Pustertals zu besichtigen.

10 Die Gärtnerei Schullian

Blühende Kunstwelten

An der Straße von Bozen nach Meran pendeln rote Gießkannen in einem Stahlrahmen. Was aussieht wie Kunst im öffentlichen Raum geht auf eine Idee der Gärtnereiinhaberin und Kunsthistorikerin Martina Schullian zurück. Die Gießkanne bildet das Logo des 9.000 Quadratmeter umfassenden Areals, auf dem es nicht nur Pflanzen und Blumen zu kaufen gibt.

Einzig die hohe Luftfeuchtigkeit ist daran schuld, dass in den Gewächshäusern keine bildenden Kunstwerke ausgestellt werden. Doch es gibt zum Glück noch andere Kunstsparten, die von etwaigen Verformungen verschont bleiben, weil sie temperaturunempfindlicher sind.

Seit vielen Jahren organisiert Schullian in Kooperation mit dem heimischen Folio-Verlag und anderen Kulturinstitutionen Lesungen, Vorträge und Konzerte. Mitten in dem Blumenparadies haben bereits Autoren wie Olga Sedakova, Wolf Haas und Giancarlo De Cataldo aus ihren Büchern gelesen. Literarisch geht es zuweilen auch in der Kräuterwelt zu: Wer jene Minzeart sucht, die nach einem berühmten Amerikaner benannt ist, weil sie aus dem Garten seiner Lieblingsbar in Havanna stammt, ist hier richtig: Die winterfeste Mentha nemorosa, auch Hemingwayminze genannt, aus der man zusammen mit Rum, Rohrzucker, Limetten und Crushed Ice Mojito mixt, ist ebenso vorrätig wie die Hugominze, Ingrediens des gleichnamigen, ursprünglich aus Südtirol stammenden Drinks.

Martina Schullian hat sich früh auf die Wiederentdeckung alter Gemüsesorten und verschiedenster Heil-, Würz- und Teekräuter verstanden. Allein 30 bis 40 Tomatensorten und 170 bis 180 verschiedene Kräuter umfasst das Sortiment. Neben dem klassischen pfeffrig-süß schmeckenden Genoveser Basilikum stößt man hier auch auf Arten, die nach Zimt, Zitrone oder Nelken duften, und findet seltene Edelrosen wie die Gloria Dei oder die kletternde Teerose Gloire de Dijon wieder – nicht nur für Züchter eine Augenweide.

Adresse Meraner Straße 75/A, 39100 Bozen | **ÖPNV** Bus 10A, Haltestelle Meraner Straße, Bus 8, Haltestelle Krankenhaus | **Anfahrt** Im Kreisverkehr vor dem Bahnhof Bozen die 3. Ausfahrt Garibaldistraße nehmen, geradeaus über den Verdiplatz, die Marconistraße und anschließend die Drususallee entlang, im Kreisverkehr die 2. Ausfahrt Meraner Straße nehmen, die Gärtnerei ist auf der linken Straßenseite. | **Öffnungszeiten** Mo–Fr 8–12.30 und 14–19 Uhr, Sa 8–12.30 Uhr | **Tipp** In Sichtweite zur Gärtnerei befindet sich die Enoteca Gandolfi mit einer riesigen Auswahl an nationalen und internationalen Weinen.

11 Die Kaffeerösterei

Brasilianische Gefühle

Damit der Kaffee gut sei, müsse er schwarz wie die Nacht, süß wie die Liebe und heiß wie die Hölle sein, meinte schon Napoleons Außenminister Charles-Maurice de Talleyrand-Périgord. Kaffee ist natürlich Geschmackssache, doch unser Verständnis von Kaffee ist in der Regel von jenen Monopolisten geprägt, welche die Kaffeewelt beherrschen – und es ist selten differenziert. Wie aromatisch, vollmundig und interessant Kaffee schmecken kann und welche Sorten den eigenen Vorstellungen und Vorlieben entsprechen, dies und anderes mehr erfährt man in der Kaffeerösterei von Claudia Niessing im Zentrum von Bozen.

Claudia Niessing hat sich in Wien, Luxemburg, Mannheim und London zur Kaffeesommelière und Röstmeisterin ausbilden lassen und sogar auf einer Kaffeeplantage in Tansania gearbeitet. Im November 2010 eröffnete sie ihr eigenes Geschäft, in dem sie täglich kleine Mengen Arabicabohnen frisch röstet. Ihr Kaffeeangebot umfasst vollmundigen, säurebetonten Kaffee aus Indonesien und El Salvador ebenso wie milden, säurearmen aus Brasilien. Aus zwölf Herkunftsländern bezieht sie ihre hochwertigen Kaffeebohnen, unter anderem auch aus Äthiopien, dem Ursprungsland des Kaffees, in dessen Bergregenwäldern einst ein Hirte an seinen unermüdlich springenden Ziegen die Wirkung der Kaffeekirschen beobachtet hatte.

Es ist die Kunst der speziellen Röstung, die das jeweilig unverwechselbare Aroma erzeugt. Am beliebtesten sei bei den Kunden milder, aromatischer, süßlicher Kaffee, gefolgt von Kaffee mit einer feinen Säure und herbem Schokoladengeschmack, erzählt Claudia Niessing. Selbst im Land des Macchiato, des Espresso und Cappuccino werde das Wasser manchmal zu stark erhitzt und damit ein Teil der milden Aromen zerstört oder gar der falsche Mahlgrad gewählt. Die Zubereitung des aufmunternden Genussgetränks ist jedenfalls eine Kunst für sich, der man in dieser kleinen Rösterei ein Stück näherkommt.

Adresse De-Lai-Straße 5, 39100 Bozen | ÖPNV Bus 8, Haltestelle De-Lai-Straße | Anfahrt Brennerautobahn A 22, Ausfahrt Bozen-Nord, SS 12 Richtung Kardaun / Rentsch / St. Magdalena, dann auf die SS 22 Brennerstraße, weiter auf der Rittner Straße von dort rechts in die Raiffeisenstraße abbiegen, geradeaus weiter in die De-Lai-Straße | Öffnungszeiten Mo, Di, Do, Fr 9–12 und 15.30–19 Uhr, Mi, Sa 9–12 Uhr | Tipp Empfehlenswert ist die kleine Konditorei Karin, die etwas versteckt in der Wangergasse in der Altstadt zu finden ist; nirgendwo gibt es bessere »Kastanienherzen«, eine typische Südtiroler Süßspeise, die allerdings nur im Herbst hergestellt wird.

12 Das Konservatorium

Konzertante Klosterfenster

Es kommt vor, dass Besucher des Dominikanerkreuzgangs bei der Betrachtung der Fresken plötzlich innehalten. Über den Klängen klassischer Musik, die aus den darüberliegenden Fenstern ins Freie dringen, vergessen sie, was sie an Christus- und Legendenbildern vor sich haben.

In den ehemaligen Konventsgebäuden, welche den Kreuzgang umschließen, ist seit mehr als sieben Jahrzehnten das Musikkonservatorium untergebracht. Über die Landesgrenzen hinaus berühmt wurde das Monteverdi in den 1950er Jahren, als der große italienische Pianist Arturo Benedetti Michelangeli hier unterrichtete. Er war neben dem damaligen Direktor Cesare Nordio Mitbegründer und einige Jahre Teil der Jury des Internationalen Klavierwettbewerbs Ferruccio Busoni gewesen, welchen man 1949 ins Leben gerufen hatte. Nordios Intention war es, mit diesem Wettbewerb eine musikalische Verbindung zwischen der italienischen und deutschen Kultur zu schaffen. Ferruccio Busoni, Sohn eines italienischen Klarinettenvirtuosen und einer deutschstämmigen Pianistin, war der ideale Namensgeber, zumal er bereits als zwölfjähriges Wunderkind im Bozner Merkantilgebäude für Aufsehen gesorgt hatte.

Ein anderes Wunderkind verdankt dem angesehenen Klavierwettbewerb, der jedes zweite Jahr Freunde von klassischer Klaviermusik nach Bozen lockt, seinen Karrierestart: Martha Argerich. Die argentinische Pianistin gewann 1957 den Busoni-Wettbewerb. Dies war kein leichtes Unterfangen bei einer Jury, die bis heute dafür bekannt ist, mit der Vergabe des ersten Preises zu geizen.

Argerich hatte vor Aufregung Kette geraucht. Die vom Vorderdeckel des Klaviers fallenden Zigarettenstummel sollen ihr einziges Konzertkleid durchlöchert haben. 30 Jahre später – das Konservatorium war inzwischen zur rauchfreien Zone erklärt worden – bereitete Claudio Abbado im Monteverdi seine beiden Jugendorchester EUYO und GMJO auf die Sommertourneen vor.

Adresse Dominikanerplatz 19 · 39100 Bozen | **ÖPNV** Bus 1, 2, 3, 4, 5, 7, 8, 10, Haltestelle Dominikanerplatz | **Anfahrt** Im Kreisverkehr vor dem Bahnhof Bozen die 3. Ausfahrt Garibaldistraße nehmen, geradeaus über den Verdiplatz, nach 220 Metern rechts in die Kapuzinergasse, am Ende der Gasse links zum Dominikanerplatz. | **Öffnungszeiten** Sekretariat Mo–Fr 10–13.30 Uhr, Di–Do 14.30–16.30 Uhr | **Tipp** Nur ein paar hundert Meter entfernt, in der Mustergasse 6, befindet sich das Geburtshaus des spätromantischen Komponisten und Musiktheoretikers Ludwig Thuille (1861–1907), der mit Richard Strauss befreundet war.

13 Die Laurin-Bar

Geschüttelt und gerührt

Die in unmittelbarer Nachbarschaft arbeitenden Landesbediensteten trinken hier ebenso ihren Kaffee wie prominente Politiker, Wirtschaftstreibende, Intellektuelle und Kunstschaffende aus ganz Südtirol, welche die Laurin-Bar auch gern für Veranstaltungen und Pressekonferenzen wählen. Das ehemalige Lese- und Konversationszimmer des gleichnamigen Hotels ist heute ein beliebtes Kaffeehaus, in dem internationale Tageszeitungen aufliegen. Abends wird es zu einem mondänen Ort extravaganter Cocktails. Im Winter kann man seinen Prosecco, Hugo oder Veneziano vor dem offenen Kamin genießen, im Sommer weht kühlende Parkluft durch die hohen Fenster. In der Bar und im Park treten regelmäßig die besten Südtiroler Jazzmusiker, aber auch internationale Künstler wie Richard Galliano, Benny Golson oder Albert »Tootie« Heath auf.

Nachdem 1867 die Brennerbahn eröffnet worden war, wurde Bozen nach und nach zu einem beliebten Ausgangspunkt für Touren in die Dolomiten. Die Eröffnung des Parkhotels im Sommer 1910 fällt in die Zeit des touristischen und wirtschaftlichen Aufschwungs. Man besann sich der eigenen Wurzeln und benannte das Hotel nach der Sagenfigur Laurin, dem Zwergenkönig des Rosengartens, dessen Geschichte auf dem raumfüllenden Jugendstil-Wandfries der Bar erzählt wird.

Laurin hatte wegen seiner ihn unsichtbar machenden Tarnkappe nicht damit gerechnet, dass sein jeweiliger Aufenthaltsort an den Bewegungen der Rosen ablesbar sein würde – und mit dieser List konnte ihn Dietrich von Bern bezwingen. Die Rache folgte auf dem Fuß. Nachdem der Zwergenkönig geschnappt worden war, belegte er den Rosengarten mit einem Fluch: Kein Menschenauge sollte den Garten jemals wieder sehen können, weder bei Tag noch bei Nacht. Doch König Laurin vergaß die Dämmerung, in der das gleichnamige Dolomitengestein, welches auch das Wahrzeichen von Bozen bildet, rot leuchtet wie ein blühender Rosengarten.

Adresse Parkhotel Laurin, Laurinstraße 4, 39100 Bozen | **ÖPVN** etwa 150 Meter vom Bahnhof entfernt, da halten nahezu alle Busse | **Anfahrt** im Kreisverkehr vor dem Bahnhof 1. Ausfahrt rechts nehmen, Parkplatz gegenüber | **Öffnungszeiten** Mo–So 7.30–1 Uhr | **Tipp** Im nahe gelegenen Kleinkunsttheater Carambolage in der Silbergasse 19 wird ein buntes Programm geboten, das sich aus Kabarett, Comedy, Pantomime, Puppentheater, Ausstellungen, Lesungen sowie Jazz- und Weltmusikkonzerten zusammensetzt.

14 Das letzte Bordell

Auf die Straße gesetzt

Das letzte Freudenhaus Bozens befand sich in der Gerbergasse 25. Die Gerbertätigkeit war aufgrund der Geruchsbelästigung gesellschaftlich wenig anerkannt; kein Wunder also, dass man den Gerbern Zonen zugewiesen hat, die am Stadtrand lagen. Ähnlich erging es den Prostituierten. Das erste Bordell Bozens war in der Rauschertorgasse. Um das Geschäft mit dem Sex kontrollieren zu können, war es vom Rat der Stadt 1472 eingerichtet worden. Wie die Henker und Totengräber galten auch die Prostituierten als »unehrlich«; sie durften nicht an Festlichkeiten teilnehmen und hatten in der Kirche eigene Bänke. Im Zuge katholischer Reformierungen wurde die »Hurerei« im 16. Jahrhundert wieder verboten. Das Geschäft mit der Liebe verlagerte sich fortan in Gastwirtschaften und private Wohnhäuser.

Besondere Nachfrage an Prostituierten bestand während des Ersten Weltkriegs. Da man die Ausbreitung von Geschlechtskrankheiten eindämmen wollte, führte man Gesundheitsbücher ein und schuf ein neues Etablissement am Verdiplatz. Mitte der 1930er Jahre übersiedelten die Frauen in die Gerbergasse, weil die zentrale Lage des Maxim am Verdiplatz für Ärger gesorgt hatte. Die Faschisten forderten zwar »Anstandsmauern« als Sichtschutz für die Häuser, ließen die Bordelle aber bestehen. Mit der »Lex Merlin« – das Gesetz wurde auf eine parlamentarische Initiative der Sozialistin Lina Merlin eingebracht – wurde Zuhälterei 1958 neuerlich verboten. 2.500 Freudenhäuser in Italien mussten schließen, so auch das letzte Bordell in der Gerbergasse.

Merlin ließ Heime für die »von der Sünde befreiten Töchter« einrichten. Was damals viele als Sieg über eine jahrtausendalte Kulturschande interpretierten, war nichts als eine Niederlage. Nur 20 Prozent der Prostituierten waren zu einer »Umschulung« bereit.

Heute stehen die Prostituierten, die vor allem aus Nigeria, Südamerika und aus dem Osten kommen, wieder ungeschützt auf der Straße.

Adresse Gerbergasse 25, 39100 Bozen | ÖPNV 500 Meter vom Bahnhof entfernt in der Fußgängerzone; von der Laurinstraße rechts in die Gerbergasse abbiegen | Anfahrt im Kreisverkehr vor dem Bahnhof 1. Ausfahrt rechts nehmen, Parkplatz gegenüber dem Hotel Laurin | Tipp In Nummer 25 befindet sich heute die Pizzeria La Torcia; die Essensqualität ist seit Jahrzehnten gleichbleibend gut, die Preise sind moderat.

15 Das Museion

Museum der Unruhe

Am schönsten ist es, wenn die Bozner die Räume fluten und man die Kunst vor lauter Kunstliebhabern nicht mehr sehen kann. Das ist meistens donnerstags der Fall. Der Eintritt kostet nichts. Aber das ist natürlich kein Grund, ins Museum zu gehen. Zum einen geht man, weil so ziemlich alle hingehen, und außerdem erfährt man eine Menge über das, was in den Räumen steht und hängt und gerade wegen Überfüllung eventuell nicht gesehen werden kann. Die Kuratoren geizen deshalb nicht mit »Hintergrundwissen«. Kunst will erklärt sein. Es ist also ganz zweifellos ein Museum, das Lust auf Worte macht.

Entworfen wurde es vom Berliner Büro Krüger, Schuberth, Vandreike, das auf die kommunikativen Aspekte von Architektur spezialisiert ist. Seit seiner Eröffnung im Mai 2008 sorgt das Museum für eine gewisse Unruhe in der Stadt. Darauf sind viele stolz. Damals war eine recht alberne Plastik Martin Kippenbergers (er hatte einen knallgrünen, betrunken wirkenden Holzfrosch ans Kreuz genagelt) der Anlass, sich dunkle und böse Gedanken über das Museion und seine Besucher zu machen. Auch über die »Freiheit der Kunst«. Ein bis zum Äußersten entschlossener Landespolitiker hatte, da gerade Wahlkampf war, sich vor medialer Empörung fast zu Tode gehungert. Angeblich intervenierte sogar der Heilige Stuhl (Kippenberger war schon vorab an einer Leberzirrhose gestorben und ins Jenseits berufen worden), und die Direktorin wurde schließlich aus einem ganz anderen Grund entlassen.

Und seitdem trifft sich das konspirative, freie und freigeistige, kunst- und designliebende Südtirol regelmäßig in diesem schönen Museum, das wie viele andere Zeitgeist-Museen die alte Sinnfrage in immer neuen Betonungen stellt: Was ist Kunst? Und die kann man natürlich nur beantworten, wenn man über die Bergspitzen hinaus in die Welt blickt und internationale Künstler einlädt, in Bozen auszustellen.

Adresse Dantestraße 6, 39100 Bozen | **ÖPNV** Bus 7, 8, 10, 12, 14, Haltestelle Dominikanerplatz | **Anfahrt** A 22, Ausfahrt Bozen-Nord auf SS 22 bis Bahnhof Bozen, im Kreisverkehr die Ausfahrt Bahnhofstraße nehmen; über Domplatz, Poststraße und Hospitalstraße zur Dantestraße | **Öffnungszeiten** Di, Mi, Fr–So 10–18 Uhr, Do 10–22 Uhr | **Tipp** Die spektakulärste private Kunstsammlung in Südtirol (Villa Dalle Nogare, Bozen-Gries) ist gegenwärtig nur nach Voranmeldung zu besichtigen: Tel. 0039/047/1284260.

16 Der Mussolini-Fries

»Glauben, gehorchen, kämpfen«

In der Città nuova, jenseits der Talfer, gibt es die höchste Dichte an faschistischer Architektur in Italien. Die axialen Straßen und groß angelegten Plätze mit ihren Triumphbauten und Herrschaftsgebäuden sollten bewusst an die Macht und Größe des imperialen Rom erinnern und die Bozner Altstadt mit ihren mittelalterlichen Laubengängen an Monumentalität überbieten. Die zu Stein gewordene Ideologie bietet verständlicherweise immer von Neuem Stoff für Diskussionen.

Einer dieser umstrittenen Orte ist der Gerichtsplatz, auf dem sich heute das Finanzamt und das Landesgericht befinden. Das Finanzgebäude, an dessen Stirnseite der »Mussolini-Fries« des Künstlers Hans Piffrader (1888–1950) angebracht ist, war ursprünglich der Sitz der faschistischen Partei. Im Zentrum des 36 Meter breiten und 5,5 Meter hohen Reliefs aus Travertinstein, das angeblich das größte dieser Art in Europa ist, reitet der Duce, die Rechte zum faschistischen Gruß erhoben. »Credere, obbedire, combattere« ist sein Leitspruch. Der Fries, welcher zum 20. Jubiläum des Regimes im Jahr 1942 fertig sein sollte, wurde erst nach dem Zweiten Weltkrieg an der Fassade befestigt. Die verschiedenen Kampfbünde sind darauf ebenso verewigt wie Szenen vom Marsch auf Rom im Jahr 1922. Dass für die künstlerische Verherrlichung der Machtergreifung Mussolinis ausgerechnet ein deutschsprachiger Bildhauer gesorgt hatte, zeigt einmal mehr, wie widersprüchlich Südtiroler Biografien verlaufen konnten.

Hans Piffrader war im Ersten Weltkrieg Oberleutnant der Tiroler Kaiserjäger gewesen, hatte sich aber 1922 Giovanni genannt und der faschistischen Künstlerschaft angeschlossen. Ursprünglich aus der Tradition der Holzschnitzerei kommend, schuf Piffrader einen heroischen Steinfries, über dessen Zukunft nach wie vor Ungewissheit herrscht, denn noch immer wird gestritten, ob er abgetragen oder restauriert werden soll.

Adresse Gerichtsplatz, 39100 Bozen | **ÖPNV** Bus 3, 4, 8, 7 Haltestelle Italienallee | **Anfahrt** Im Kreisverkehr vor dem Bahnhof Bozen die 3. Ausfahrt Garibaldistraße nehmen, geradeaus über den Verdiplatz, die Marconistraße und anschließend die Drususallee entlang, dann in die Italienallee abbiegen, der Gerichtsplatz liegt linker Hand. | **Tipp** In der Vicenzastraße ist das Ristorante Marechiaro, eines der besten italienischen Esslokale.

17 Der Obstmarkt

Beim Gabelwirt

Er ist für einen Viktualienmarkt recht klein geraten, und nur wenige Stände sind groß. Die haben sich vernünftigerweise auf gängige Delikatessen für den gehobenen Haushalt spezialisiert.

Dass der Markt dennoch seit Jahrhunderten eine Südtiroler Berühmtheit ist, rührt noch aus der Zeit, als Obst vor allem für die Besucher, die aus dem Norden kamen, keine Selbstverständlichkeit war. Zu seinem 500. Geburtstag 1777 bekam der Markt den barocken Neptunbrunnen geschenkt, den einzigen Monumentalbrunnen in Bozen.

Der sogenannte »Gabelwirt« hat seinen Spitznamen einerseits vom bekannten maritimen Dreizack Neptuns, andererseits von der Tatsache, dass die Obststände mittlerweile eher eine Art folkloristischer Dekor zu den vielen Bars, Restaurants und Wirtschaften sind, die sich am Obstmarkt und in den Gassen herum angesiedelt haben. Die längste Theke Südtirols entfaltet ihren unwiderstehlichen, urbanen Charme in den Abendstunden, wenn – zumindest im Sommer – alle Terrassenplätze früh besetzt sind.

Als man in Brixen und Sterzing noch nicht recht zu sagen wusste, was ein ordentliches Gasthaus ist, gab es in Bozen schon Dutzende davon. Man ist also einiges gewohnt. In einer Zählung von 1546 kam man bereits auf 68 – ein Umstand, der damals aus beinah jedem zweiten Hausbesitzer einen Wirt machte. Reisende lobten schon immer den Wein und mit ihm auch die Kellnerinnen. Es gab legendäre Wirtshäuser wie den längst verschwundenen Sonnenwirt, bei dem unter vielen anderen auch Goethe tief in sich hineinblickte. Eine Gedenktafel erinnert an Deutschlands kultiviertesten Trinker. Die heute nicht ganz so Berühmten finden sich im angesagten Banco 11 ein (sehr gute Weine), im knallvollen Nadamas (exzellente Stimmung) oder ums Eck bei den Fischbänken, in denen mit plakativen Lebensweisheiten, die auf Tafeln handschriftlich verzeichnet sind, nicht gegeizt wird.

Adresse Obstplatz, 39100 Bozen | ÖPNV Bus 7, 8, 10, 12, 14, Haltestelle Dominikanerplatz
Anfahrt A 22, Ausfahrt Bozen-Nord auf SS 22 bis Bahnhof Bozen, im Kreisverkehr die Ausfahrt Bahnhofstraße nehmen, über Domplatz und Waltherplatz links in die Mustergasse, dann rechts in die Goethestraße bis zum Obstplatz | Öffnungszeiten Marktstände Mo–Fr 8–19 Uhr, Sa 8–14 Uhr | Tipp Das »Cortile – Theater im Hof« entstand vor 25 Jahren als mobiles Theater für Kinder und Jugendliche am Obstmarkt 37.

18 Die Semirurali-Siedlung

Italienische Schrebergärten

Die Industrialisierung Bozens, die 1934/35 beschlossen wurde, hatte einen enormen Bevölkerungszuwachs vor allem aus dem Nordosten Italiens zur Folge. Für die kulturell inhomogene italienische Bevölkerung, die nach Südtirol zog, baute man in unmittelbarer Nähe zu den Fabriken am rechten Eisackufer neue Unterkünfte. Rund um den heutigen Matteottiplatz entstand die Mietshäusersiedlung Rione Littorio, etwas weiter südlich die Semirurali-Siedlung Rione Dux.

Die 228 »halbländlichen« Gebäude, bestehend aus zwei bis vier Wohneinheiten zu je 40 bis 70 Quadratmetern, wurden im Jahr 1940 in Rekordzeit errichtet und boten 3.600 Menschen ein Dach über dem Kopf. Die Häuser waren streng geometrisch angeordnet und verfügten über einen 650 Quadratmeter großen Garten, sodass jede Familie eigenes Ackerland zur Verfügung hatte. Den ungelernten Arbeitskräften und deren Familien, die immer häufiger vom Lande kamen, verschiedene Mundarten sprachen und diversen Volkskulturen angehörten, wollte man ein kleines Stück bäuerliches Leben zurückgeben. Der Garten bot eine gewisse Selbstversorgung, und die einheitliche Bauweise der Semirurali sollte identitätsstiftend wirken. Mit dieser antiurbanen Architektur hoffte man, etwaigen Klassenkämpfen und typischen städtischen Ballungsproblemen vorzubeugen.

Einst waren die Häuschen der Stolz des neuen italienischen Wohnbaus, obwohl sie weitab vom Bozner Stadtzentrum lagen, die Infrastruktur fehlte und sie weder eine Heizung noch ein Bad besaßen. Es entwickelte sich in dieser Siedlung eine Art Eigenleben, abgetrennt von der übrigen Stadt, das den von der Schwerarbeit im Schichtdienst zurückkehrenden Arbeitern ein Minimum an Gartenerholung garantierte. Ende der 1950er Jahre mussten die Semirurali nach und nach mehrstöckigen Volkswohnbauten weichen. Das Haus in der Baristraße 11 ist der letzte Zeuge einer der Vergangenheit angehörenden Baugeschichte.

Adresse Baristraße 11, 39100 Bozen | **ÖPVN** Bus 3, Haltestelle Baristraße | **Anfahrt** Brennerautobahn A 22, Ausfahrt Bozen-Nord, SS 12 Richtung Kardaun/Bozen bis zur Palermobrücke, links abbiegen auf die Cagliaristraße und nach 290 Metern wieder links in die Baristraße | **Tipp** Etwa 15 Gehminuten entfernt befindet sich der Matteottiplatz, eine lebendige italienische Piazza, auf der ganz im Sinne des für Demokratie kämpfenden Namensgebers immer wieder politische Veranstaltungen stattfinden.

19 Das Sudwerk

Voll gut!

Das Batzenhäusl war lange Zeit das berühmteste Gasthaus Bozens. Bereits 1404 als Schenke des Deutschen Ordens erwähnt, wurde es gegen Ende des 19. Jahrhunderts zu einem Treffpunkt von Künstlern und Bohemiens. Zu seiner Hochzeit soll die Künstlerkneipe mit Gemälden und Zeichnungen regelrecht tapeziert gewesen sein. Franz von Defregger (1835–1921), der Maler des Tiroler Freiheitskampfes gegen Napoleon, war sicher der prominenteste Gast im alten »Häusl«. Aber auch von der Kunst- und Literaturgeschichte nicht Berücksichtigte wie der orientierungslose Dichter Franz Held (siehe Seite 102) trugen sich ins Gästebuch ein. Held erinnert sich in seinem »Tiroler Reisebrief«: »Die lendenlahmen Dichtergreise, die hier einkehrten, hatten schwache Nerven vom lebenslangen Reimgebimmel und Novellenfiedeln.«

Heute hat das Batzenhäusl, nach Kriegszerstörung und Wiederaufbau, einen der schönsten Biergärten von Bozen und schreibt mit dem Sudwerk das Leben der Boheme fort. In diesem turbulenten und irgendwie viel zu kleinen Kellerclub wird es richtig gemütlich, wenn man sich fast auf den Füßen steht. Er versteht sich als neue Kulturwerkstatt für Theater, Kabarett, Poesie und Musik und gehört zu den schweißtreibendsten Locations in Bozen, in denen es regelmäßig etwas Feines auf die Ohren gibt. Das liegt und lag zuallererst an den ungewöhnlichen Musikern, die hier bereits auftraten. Neben Lokalhelden wie den Südtiroler »Latemar Cowboys« spielten Jazzer der New Yorker Clubszene wie Jason Lindner und Dafnis Prieto oder experimentierfreudige Hoffnungsträger aus Paris wie der Jazzpianist Baptiste Trotignon. Letzterer wurde mit dem »Prix Django Reinhardt« ausgezeichnet, einer der international begehrtesten Jazztrophäen.

Das Sudwerk-Programm ist so animierend, dass das aus dem Häusl geratene Publikum noch nach der letzten Zugabe für Stimmung in den umliegenden Straßen sorgt.

Adresse Andreas-Hofer-Straße 30, 39100 Bozen | **ÖPNV** Bus 12, Haltestelle Weggensteinstraße | **Anfahrt** A22, Ausfahrt Bozen-Nord auf SS22 bis Bahnhof Bozen, im Kreisverkehr die Ausfahrt Laurinstraße nehmen, weiter über die Bindergasse, dann rechts auf Andreas-Hofer-Straße | **Öffnungszeiten** Mo–So 11–1 Uhr | **Tipp** In der Bar & Osteria da Picchio, Quireiner Straße 11, finden gelegentlich spontan improvisierte Konzerte Bozner Musiker statt.

20_Die Talferwiesen

Es grünt so grün

Das Wochenende, möchte man beim Anblick der Talferwiesen meinen, beginnt für die Bozner in der Naherholungszone links oder rechts der Talfer. Schon am frühen Morgen sieht man dort mehr oder weniger sportliche Läufer ihre Runden ziehen, es folgen ihnen Hundebesitzer und schon bald Mütter und Väter mit Kindern, die nichts als den Spielplatz im Auge haben, dazwischen Pensionisten, die mit Skistöcken wandern oder sich einfach nur die Beine vertreten, Jugendliche, die gezielt den Skatepark ansteuern, aber auch Touristen, die sich eine Verschnaufpause nach anstrengenden Museumsbesuchen oder langen Einkaufstouren gönnen. Manchmal allerdings ist es mit dem Chillen nicht so einfach: Denn die Wiesen sind oft und gern auch Veranstaltungsorte für Tanzperformances und Konzerte, für Kinderseminare und schnatternde Picknickgesellschaften.

Das allseits beliebte Talfergrün ist das Resultat der Flussregulierung von 1973. Man baute das zwei Kilometer lange Flussbett von St. Anton bis zur Einmündung der Talfer in den Eisack aus, befestigte es mit riesigen Porphyrsteinblöcken und bepflanzte die Uferseiten mit Eschen und Weiden. Die Talferwiesen sind aber weit mehr als eine Rasenfläche: Sie verbinden als immergrünes Band die Bozner Altstadt mit der Città nuova, sind interkultureller Treffpunkt und für viele Südtiroler ein Stück Kindheit. Denn im dazugehörigen Petrarca-Park hauste nicht nur 30 Jahre lang Pippo, der Braunbär, in einem Betongehege (heute erinnert das gleichnamige Jugendzentrum an den 1993 verstorbenen berühmten Grizzly), dort erfüllen sich noch heute die Träume der Kleinen: eine Fahrt mit dem bunten Kinderzug und als süße Krönung Popcorn oder Zuckerwatte.

Wer sich nicht frisch und frei auf die Wiese setzen will, flaniert auf der anderen Uferseite die Wasserpromenade entlang und schaut auf das Wiesenvolk hinunter, verächtlich oder sehnsüchtig – man erkennt es am Blick.

Adresse Uferseiten links und rechts der Talfer, 39100 Bozen | **ÖPNV** Bus 3, Haltestelle Siegesplatz | **Anfahrt** im Kreisverkehr vor dem Bahnhof Bozen die 3. Ausfahrt Garibaldistraße nehmen, geradeaus über den Verdiplatz, die Marconistraße und anschließend die Drususallee entlang, dort rechts in die Venediger Straße abbiegen, geradeaus bis zur Talferbrücke | **Tipp** Wenn man die Wasserpromenade nordwärts wandert, gelangt man in den Stadtteil St. Anton und von dort über einen ansteigenden Spazierweg auf die Oswaldpromenade. Vor allem im Frühling und Herbst lohnt ein Spaziergang auf dem Sonnenhang Bozens.

21 Die Trachten-Vitrinen

Aus dem Familienalbum

Leinenblusen mit geklöppelten Bordüren, plissierte Röcke aus Loden, gehäkelte Strümpfe, bunte Mieder, schwarze Jäckchen mit Spitzenkragen, Schürzen aus changierendem Stoff, mit breiten Brokatbändern geschmückte Hüte, bestickte Rindsledergürtel und Hosenträger – kein Aufwand wurde gescheut, wenn es darum ging, eine angemessene Festtagskleidung zu entwerfen. Die Raffinesse der Details hat den futuristischen Künstler Uberto Bonetti dermaßen beeindruckt, dass er mehrfach nach Bozen kam, um die volkstümlichen Kleidungsstücke zu studieren und daraus eigene Modelle zu entwerfen.

Die Globalisierung hat die regionaltypische Kleidung längst verdrängt, doch stößt man an kirchlichen Feiertagen vor allem auf dem Land noch immer auf die Südtiroler Tracht. Je nach Gegend weist sie große Unterschiede bezüglich Farbe, Stoffwahl und Schnitt auf. An ihr lassen sich die wirtschaftlichen Verhältnisse, die soziale Stellung innerhalb einer Gemeinschaft, aber auch der Personenstand ablesen. In einem multikulturellen Land ist das Tragen einer bestimmten Tracht auch ein politisch-ideologisches Statement, das die Zugehörigkeit zu einer Ethnie unterstreicht. Einst Ausdruck der Religiosität, ist die Tracht heute vor allem ein Zeichen der Heimatverbundenheit oder folkloristische Werbestrategie.

Das Bozner Stadtmuseum, von dessen gotischen Stuben der Filmemacher Pier Paolo Pasolini besonders angetan war, verglich der Kunsthistoriker Tomaso Montanari mit einem Familienalbum, das immer wieder durchgeblättert werden sollte. Naturgemäß haben die Betrachter eines solchen Albums unterschiedliche Vorlieben: Wer sich für Masken und Volkstrachten interessiert, übersieht möglicherweise die wertvollen kunsthistorischen Objekte wie Madonnen oder Flügelaltäre. Doch allein schon um der Trachten willen lohnt es, einen Blick hineinzuwerfen, damit man erfährt, was die »Familie« getragen hat.

Adresse Sparkassenstraße 14, 39100 Bozen | ÖPNV nahezu alle Busse, die vom Bahnhof kommen, Haltestelle Sparkassenstraße | Anfahrt Brennerautobahn A 22, Ausfahrt Bozen-Nord, SS 12 Richtung Kardaun/Bozen/Ausfahrt Zentrum, rechts über die Virglbrücke, die Mayr-Nusser-Straße entlang, dann über die Loretobrücke und den Verdiplatz Richtung Marconistraße; erst rechts in die Carduccistraße, dann links in die Spitalgasse abzweigen, nach etwa 80 Metern kommt die Dantestraße, rechts davon befindet sich die Sparkassenstraße | Öffnungszeiten Di–So 10–18 Uhr | Tipp Im Südtiroler Archäologiemuseum in der Museumstraße 43 ist Ötzi, eine der bekanntesten Mumien der Welt, ausgestellt.

22 Das Walther-Denkmal

Auf Wanderschaft

Es gibt eine ganze Reihe von Orten in Deutschland, Österreich und Südtirol, die Anspruch erheben, die Heimat des berühmten Minnesängers Walther von der Vogelweide zu sein. »Ze Ôsterrîche lernt ich singen unde sagen«, verrät Walther selbst, aber wer weiß, ob er die Wahrheit spricht? Dichter lügen gern. Die Südtiroler sind jedenfalls überzeugt, dass der Minnesänger vom Vogelweiderhof in Lajen-Ried im Eisacktal stammt und dass er an einem sonnigen Berghang inmitten von Weinreben und Wäldern groß geworden ist. Grund zum Singen gibt es dort allemal.

Das Walther-Denkmal wurde Mitte September 1889 enthüllt, es hat eine beinahe so aufregende Geschichte wie der Dichter selbst, der vermutlich nach einer Auseinandersetzung mit Leopold VI. seinen Lehensanspruch und damit die finanzielle Sicherheit am Babenberger Hof zu Wien verlor. Der Minnesänger war alles andere als ein Opportunist, er hatte den Mut gehabt, die päpstliche Kurie anzugreifen und sie des Ämterkaufes zu bezichtigen. Seinen Innovationswillen und seine Courage bezahlte er mit existenzieller Unsicherheit und der hinlänglich bekannten Wanderschaft.

Auf Wanderschaft ging 1935 auch das Denkmal, weil der Dichter zum Symbol deutscher Kultur geworden war. Der dem Süden zugewandte streitbare Wächter an der Grenze des »Wälschlandes« war den italienischen Faschisten ein Dorn im Auge, sodass sie das Denkmal in einen abseitig gelegenen Park bringen ließen. Schon 1896 hatten die Italiener in Trient mit der Errichtung eines Dante-Denkmals auf die Walther-Skulptur in Bozen reagiert. Dante, mit seiner nach Norden erhobenen Rechten, war die Antwort auf die zweitägige Enthüllungszeremonie und die deutsch-nationale Vereinnahmung des Minnesängers als »Markwart deutscher Sprache, deutscher Sitte, deutscher Ehre«. Die Rückkehr des Walther-Denkmals an seinen angestammten Platz erfolgte erst 1981 und war Anlass für Debatten über das von den Faschisten zugefügte Unrecht.

Adresse Waltherplatz, 39100 Bozen | **ÖPNV** 5 Gehminuten vom Bahnhof | **Anfahrt** im Kreisverkehr vor dem Bahnhof 2. Ausfahrt rechts nehmen, die Bahnhofstraße bis zum Waltherplatz vorfahren (Parkgarage unter dem Waltherplatz) | **Tipp** Die Tessmann-Bibliothek ist die größte Allgemeinbibliothek Südtirols und besitzt eine umfangreiche Tirolensien-Sammlung.

23 Das Weiße Rössl

Der Bauch von Bozen

Es ist das letzte große Volksgasthaus in Bozen. Früher gab es ein gutes Dutzend davon. In einem schönen Sinn ist im Rössl mehr oder weniger alles gleich geblieben, denn es hat allen Okkupationsversuchen durch Aufkäufer und Spekulanten widerstanden, die, ungeniert und ohne rot zu werden, den Ausverkauf der Bozener Altstadt betreiben. Es ist auch einer der letzten Orte, an dem Herkunft und sozialer Status keine oder doch nur eine sehr untergeordnete Rolle spielen.

Seit Hofers wilden Zeiten, als die Tiroler gegen Napoleons Truppen kämpften, sind Gasthäuser in Südtirol immer auch politische Orte, an denen die Informationen gefiltert, Meinungen gefestigt und Aufstände geprobt werden. Man hört gern zu und spricht noch viel lieber. Und am Ende geht man immer schlauer hinaus, als man hereingekommen ist. Niemand geizt mit Weisheiten und Wissen, sei es über die verwinkelten Schleichpfade politischer Profiteure oder über die Auswirkungen des Klimawandels auf das allgemeine Empfinden. Und auch die patenten Kellnerinnen, deren großes Herz nur vom noch größeren Mutterwitz übertroffen wird, haben trotz ihrer intensiven Dauerbelastung immer noch ein aufmunterndes oder doppeldeutiges Wort für ihre Stammgäste, wenn sie mit vollgepackten Tellern an den Tischen vorbeifliegen.

Mit dem Eintritt ins Rössl verlässt man die festen gesellschaftlichen Bezugssysteme und dringt ganz unvermittelt ins Zentrum der Südtiroler Seele vor, zumindest vorübergehend, über die Länge eines »Vierteles« und eines Schnitzels. Bei Knödel und Kraut spürt man die mythischen Schwingungen des Alltags nach wie vor am besten. Der Speisesaal mit den alten Täfelungen und den geschnitzten Hirschköpfen ist der schönste, weil er authentisch ist. In ihm sitzen vornehmlich diejenigen, die rechtzeitig kommen und denen die Zeitenwenden so oder so nicht mehr allzu viel anhaben können.

Adresse Bindergasse 6, 39100 Bozen | ÖPNV Bus 7, 8, 10, 12, 14, Haltestelle Dominikanerplatz | Anfahrt Brennerautobahn A22, Ausfahrt Bozen-Nord, SS12 Richtung Kardaun/Rentsch/St. Magdalena, dann auf die SS22 Brennerstraße, Rittner Straße bis zum Bahnhof, dort sind diverse Parkgaragen | Öffnungszeiten Mo–Fr 9–24 Uhr, Sa 10–15 Uhr; Mittagsmenüs 12–15 Uhr, Abendkarte 18–22 Uhr; im Dezember durchgehend geöffnet von 9–24 Uhr | Tipp Ein Gasthaus wie aus einem neorealistischen Film ist das Ristorante Mercato in der Schlachthofstraße 29.

24 Der Aussichtsturm

Und plötzlich diese Übersicht

Warum noch auf hohe Berge steigen? Wer nicht gerade alpinistischen Ambitionen oder der konfuzianischen Annahme folgt, dass der Weg das Ziel sei, kann es sich auf Kohlern relativ bequem machen. Nach etwa 120 Stufen und guten 30 Höhenmetern (über Wiesengrund) erreicht man eine passable, zudem bedachte Plattform, die Ausblicke in alle Himmelsrichtungen eröffnet: Man überschaut das ganze südliche Südtirol, hat einen wunderbaren Blick gegen den Schlern und hinüber zum Ritten, weiter südlich gegen die Mendel, und unter einem selbst, tief im Tal, liegt Bozen, flach und blassrot, eine kleine urbane Schönheit. Man wundert sich, wie groß die Stadt ist und wie weit das Land. An klaren Tagen ist es am schönsten auf dem Turm, aber Liebhaber des romantischen Sehens schätzen auch die Blicke an stürmischen Herbsttagen, wenn die spektakulären Aspekte der unvergleichlichen Landschaft in den Vordergrund treten und man das Gefühl hat, mittendrin zu sein.

Errichtet wurde der dreistöckige Turm aus Lärchenholz 1990. Früher schon soll an dieser Stelle ein Feuerwehrturm gestanden haben, denn diesem weitsichtigen Überblick entging nicht das kleinste Strohfeuer im manchmal auflodernden Südtirol. Der Aussichtsturm, der in dieser Höhe an exponierter Stelle allen Wettern und Winden ausgesetzt ist, wurde zwischenzeitlich nach einer kurzfristigen Schließung aufwendig und bis in die letzte Verbundschraube saniert.

Am bequemsten erreicht man ihn mit der Kohlerer Bahn, der ältesten Bergschwebebahn der Welt, die 1908 in Betrieb genommen und mehrfach erneuert wurde. Wer sich allerdings vom Tal kommend doch stark verausgaben möchte, kann einen der vielen Wanderwege wählen, die steil hinaufführen und etwa 900 Höhenmeter überwinden. Der Weg Nummer 4, von Virgl nach Kohlern, führt auch durchtrainierte Bergwanderer schnell an Grenzen, wie man sie sonst nur im Hochgebirge erlebt.

Adresse Kohlern, 39100 Bozen | **ÖPNV** Seilbahn (im Sommer, ab 1.6.), Talstation an der Straße nach Kohlern | **Anfahrt** A22, Ausfahrt Bozen-Nord oder Bozen-Süd Richtung Bozen-Zentrum bis zum Kreisverkehr, nach Autobahnunterführung rechts halten, vorbei an Talstation der Seilbahn hinauf bis Kohlern | **Tipp** Eine fast so schöne Sicht wie vom Turm, aber sehr viel bequemer, hat man von der nahen Terrasse des ausgezeichneten Gasthauses Kohlern, Kohlern 11.

25 Der Stein

Am Anfang war das Wort

Es ist ein schlichter und fast bescheiden anmutender Stein für ein so bedeutendes Ereignis. Er markiert die Stelle, an der am 17. November 1957 der spätere Landeshauptmann von Südtirol, Silvius Magnago, die Forderung der Südtiroler nach Freiheit und Unabhängigkeit in eine griffige Parole gefasst hatte: »Los von Trient!« Hier stand Magnago vor etwa 35.000 Südtirolern an einem Rednerpult, das mit dem Tiroler Adler, dem Hoheitszeichen des ganzen Landes, geschmückt war.

Um diesen bis heute größten Protest in der Geschichte Südtirols überhaupt zu ermöglichen, hatte Magnago dem Polizeipräfekten »sein deutsches Wort« gegeben und damit auch an die Menge appelliert, sich ruhig zu verhalten und auf Gewaltaktionen zu verzichten. Denn die Südtiroler waren in diesem November zu vielem bereit und manche, denen Magnagos Rede nicht weit genug ging, noch zu viel mehr. Unter den Zuhörern waren auch die einige Jahre später, nach der sogenannten »Feuernacht« im Juli 1961, als Terroristen gesuchten oder als Freiheitskämpfer verehrten Männer, die als Zeichen ihrer Kampfbereitschaft Dutzende Sprengstoffanschläge verübt hatten (siehe Seite 92).

Was war geschehen? Seit 1919 gehört Südtirol gezwungenermaßen zu Italien. Die »Italienisierung« hatte besonders unter den seit 1922 regierenden Faschisten für die einheimische Bevölkerung demütigende und existenzbedrohende Formen angenommen. Auch nach dem Ende des Faschismus änderte sich an der Politik Roms gegenüber Südtirol nur wenig. Die im Pariser Vertrag von 1946 festgeschriebenen Garantien für die Provinz Bozen wurden von der italienischen Regierung weitestgehend ignoriert. Tatsächlich bestimmten Abgeordnete in Trient über die Geschicke des Landes.

Mit Magnagos Rede formierte sich das Selbstbewusstsein der Südtiroler neu, und die europäische Öffentlichkeit erhöhte den diplomatischen Druck auf Italien. Südtirol kam los von Trient.

Adresse Sigmundskroner Straße 53, 39100 Bozen | **ÖPNV** Bus 130.2, 130.3, Haltestelle Sigmundskron, Bahn Bozen–Meran, Haltestelle Sigmundskron | **Anfahrt** A22, Ausfahrt Bozen-Süd, MeBo (Schnellstraße) Bozen–Meran, Ausfahrt Eppan in Richtung Girlan, auf SS 42 bis Sigmundskroner Straße | **Öffnungszeiten** 1. So im März–3. So im Nov. Mo–Mi, Fr–So 10–18 Uhr | **Tipp** Ein Denkmal ganz anderer Art ist der noch immer erhaltene faschistische Triumphbogen hinter der Talferbrücke am Siegesplatz.

26 Der Grenzstein

Mulmige Gefühle

Der Grenzstein auf dem niedrigsten Passübergang der Alpen befindet sich zwischen dem ehemaligen österreichischen Zollgrenzhaus und jener Stelle, wo einst die italienischen Grenzbeamten die Ein- und Ausreisenden kontrollierten.

Im Volksmund hieß das inzwischen abgerissene italienische Zollgrenzhaus »Pilz«; es ähnelte einem gedrungenen T, das zwischen dem Zollgebäude und der Polizeistation eine Engstelle bildete. T wie Transit und Transport.

Kaum vorstellbar, dass vor der Öffnung der europäischen Grenzen und vor der Fertigstellung der Brennerautobahn im Jahr 1974 Millionen Fernlaster und Abermillionen Italienreisender sich hier vorbeizwängten. Dabei ist der Brenner ein natürlicher Durchlass, den schon die Römer zu nützen wussten. Erst nach 1919 ist aus der durchgehenden Verbindung zwischen Norden und Süden ein Kontrollnadelöhr geworden, eine Trennungsgrenze, die das historische Kronland Tirol geteilt und das Wipptal zerschnitten hat.

Bis zum Schengenabkommen 1998 glich der Brenner einer Grenzfestung. Der italienische Staat hatte weit über die Ortschaft Brenner hinaus eine »Zona militare« errichtet. Mit einem mulmigen Gefühl kam man am Grenzstein vorbei, weil man nie wusste, welche Einfuhrbestimmungen und Ausfuhrverbote inzwischen festgelegt worden waren. Mal waren es die Südtiroler Attentate der 1960er Jahre (siehe Seite 92), welche zu einer erhöhten Nervosität der Grenzbeamten geführt hatten, mal hatte die Schweinepest die Beschlagnahmung von Würsten jeder Art nach sich gezogen.

Kontrollen gibt es heute keine mehr; viele Gebäude am Brenner sind inzwischen abgerissen, die Wechselstuben geschlossen, auch der Zigaretten- und Alkoholschmuggel hat nach der Abschaffung der Zölle aufgehört. Dafür fahnden die Grenzbeamten jetzt nach Menschen, nach illegalen Flüchtlingen, die auch nach Italien oder in den Norden wollen – wie Millionen andere vor ihnen.

Adresse Brenner zwischen Österreich und Italien, 39041 Brenner | ÖPNV mit dem Zug, Haltestelle Brenner | Anfahrt von Österreich kommend Brennerautobahn A 13 bis Ausfahrt Brennersee, B 182 bis zur Grenze, die Fortsetzung ist die SS 12/St.-Valentin-Straße | Tipp Am Marktplatz am Brenner findet jeden 5. und jeden 20. des Monats (außer am Sonntag) der traditionelle Brennermarkt statt.

27 Der Anreiterkeller

Lauter schräge Töne

Die Südtiroler Harmonielehre aus Familie, Kirche, Schützen und Volkspartei musste irgendwann zum Widerspruch herausfordern. Die auf Hochglanz polierten Bilderbücher des traditionellen Zusammenlebens, von denen auch Touristen bis ins Mark begeistert sind, zeigen sich teils so blendend, dass diejenigen, die zu lang in ihnen blättern, beinah zwangsläufig erblinden. Gerade deshalb gibt es einige, die unbeirrt gegen den Strom sprechen.

Die Grundfragen zum gesellschaftlichen Konsensraum zwischen Brenner und Salurn werden seit 1980 im Brixener Anreiterkeller neu gestellt. Dort befindet sich Südtirols Geburtsstätte der freien Theater-, Kabarett- und Musikszene. Gründervater ist der Schauspieler Georg Kaser, der quasi in Eigenregie Südtirols bekannteste und älteste Kleinkunstbühne verwirklichte. Mit Jura-Soyfer-Inszenierungen und Auftritten von Jazzgrößen wie Dave Holland gelangte die von ihm gegründete »Gruppe Dekadenz« recht schnell zu landesweiter Berühmtheit. Das Programm war von Anfang an nicht nur südtirolerisch, sondern ganzeuropäisch, schließlich wächst zusammen, was man nicht mehr trennen kann.

Neben spitzen Worten, dissonanten Tönen und beißenden Satiren inszenieren die Gruppe und ihr kollegialer Bekanntenkreis auch Theater für deren Kinder und Kindeskinder (mit entsprechenden Untertönen), fulminante Jazzsessions und lyrische Slam-Improvisationen. Die heute etwa 30 Mitglieder zählende Gruppe bringt jährlich etwa 120 Veranstaltungen auf die Bühne und ist damit einer der wichtigsten Spielplätze in Südtirol.

Der historische Weinkeller wurde erstmalig 1595 als Keller der damaligen Familie Anreiter urkundlich genannt, gehört also zum ältesten Brixener Inventar. Heute bietet er 90 Zuschauern Platz, die bequem und ausgelassen an Tischen sitzen, mit so ziemlich allem versorgt, was einen Abend nicht nur fröhlich, sondern auch feucht werden lässt.

Adresse Obere Schutzengelgasse 3/a, 39042 Brixen | **ÖPNV** Citybus 320.2, Haltestelle Maria-Hueber-Platz | **Anfahrt** A 22, Ausfahrt Brixen/Pustertal, Richtung Brixen-Zentrum über Brennerstraße, am 2. Kreisverkehr über die Eisackbrücke bis zur Battististraße; dort parken, da die umliegenden Gassen sehr eng sind, Fußweg zur Oberen Schutzengelgasse | **Öffnungszeiten** bei Aufführungen (wöchentlich Mi–Sa) | **Tipp** Keine Alternative, aber eine schöne Ergänzung zum Anreiter ist der Jazzkeller 3fiori, Bäckergasse 3.

28 Die Cusanus-Akademie

Einheimische Moderne

Die eigenständige architektonische Entwicklung, wie sie mit dem Jugendstil in Meran, Brixen und Bozen-Gries begonnen hatte, erfuhr durch die faschistische Stadtbauideologie und die Industrialisierung in den 1920er und 1930er Jahren ein jähes Ende; die frühe Moderne im Sinne einer rationalen Architektur, wie sie der Wiener Architekt Adolf Loos propagierte, kam nicht bis nach Südtirol. Der italienische Futurismo und Razionalismo hingegen wurden als Besatzerarchitektur und politische Ideologie missverstanden und weitgehend von den Einheimischen abgelehnt.

Nach dem Zweiten Weltkrieg versuchte man, in Südtirol an die Architektur der Zwischenkriegszeit anzuschließen, doch es herrschte Wohnungsnot, und die schnelle Realisierung von sozialen Wohnbauten ging oft auf Kosten der Qualität. Die Rückbesinnung auf die bäuerlichen Traditionen förderte den Bau von klischeehaften, zumeist protzigen Gebäuden im Tiroler Bauernhofstil, der selbst an Banken, Tankstellen und Krankenhäusern angewendet und als originäre Baukultur ausgegeben wurde.

Einer der ersten wichtigen modernen Südtiroler Architekten war Othmar Barth (1927–2010), dem mit dem Bau der Cusanus-Akademie (1960–1962) im Zentrum von Brixen ein Schlüsselwerk gelang. Für das Tagungszentrum, das in einem harten Kontrast zum barocken Priesterseminar steht, wählte Barth gezielt andere Materialien, nämlich schalreinen Stahlbeton als Träger und Sichtziegelmauerwerk als Füller. Die im Bauchraum sichtbare Betontonnenstruktur wurde an ihrer Nordseite aufgeklappt, wodurch Licht in die neun flexibel einsetzbaren Tagungsräume und die Gästezimmer gelangt.

Die Akademie gilt als Grundkonzept für Othmar Barths spätere Bauten, die gern als »regional ausgeprägte Varianten der Moderne« bezeichnet werden. Ein weiteres sehenswertes Meisterwerk Barths ist das organisch in die Uferlandschaft eingefügte Seehotel Ambach in Kaltern.

Adresse Seminarplatz 2, 39042 Brixen | **ÖPVN** Bus 1, Haltestelle Villa Adele, Citybus 320, Haltestelle Maria-Hueber-Platz | **Anfahrt** über die Brennerstraße, Dantestraße, Goethestraße und Runggadgasse | **Öffnungszeiten** Mo–Fr 8–18 Uhr | **Tipp** In den nahen Gärten der Fürstbischöflichen Hofburg gibt es in der Südwestecke des Gartens einen China- und einen Japanturm zu sehen, architektonische Modeerscheinungen des zweiten Jahrzehnts des 19. Jahrhunderts.

29 Das Ex-Astra-Kino

Grenzenloser Kunstraum

Auch wenn es heute für die gegenwärtige Kunst keinen verbindlichen Traditionszusammenhang mehr gibt, hat sich doch in den Köpfen und Ambitionen junger Künstler der Mythos der alten Moderne, wie sie am Anfang des 20. Jahrhunderts geschaffen wurde, weitgehend erhalten. So ist es auch in Brixen. Anders gesagt: Junge Kunst setzt auch hier auf die ästhetische Kontinuität der Avantgarde und favorisiert weiterhin die Geste des Protests. Heute gibt sie sich allerdings weniger politisch, wie sie das beispielsweise in den 1960er Jahren noch tat. Sie ist durchweg ethnisch und multivisuell akzentuiert, und der alle Grenzen nivellierende »One-World-Gedanke«, der Kunst auch als soziale Integrationsplastik und als kosmopolitischen Lebensentwurf begreift, beherrscht die junge freie Südtiroler Szene.

Einer der interessantesten Orte für diese junge Kunst ist momentan (noch) das Ex-Astra-Kino in Brixen. Mit wenigen Mitteln werden hier ungewöhnliche Ausstellungen aus der Off-Szene organisiert, die als Non-Profit-Events bisher nur vom Idealismus der Teilnehmer getragen werden. Die engagierte mexikanische Kuratorin Martha Jiménez Rosano beispielsweise, die auch das »Open City Museum« auf den Weg brachte, und ihr italienischer Ehemann Giovanni Melillo Kostner haben gemeinsam das Ex-Astra zu ihrer Homebase für temporäre Kunstprojekte gemacht und arbeiten mit anderen Künstlern am ästhetischen Gegenentwurf zu etablierten Sichtweisen.

Das Ex-Astra ist Teil des Forums Brixen, das ironischerweise in einem für die faschistische Jugendorganisation GIL (Gioventù Italiana del Littorio) in den 1930er Jahren errichteten Gebäude untergebracht ist. Später war es über viele Jahre ein Kino – daher der Name. Mittlerweile erkannte auch die Stadt das kreative Potenzial, das im Ex-Astra steckt, und wird es in Zukunft mit entsprechenden finanziellen Mitteln zu einem Jugendkulturzentrum ausbauen.

Adresse Romstraße 11, 39042 Brixen | **ÖPNV** Citybus 320, Haltestelle Maria-Hueber-Platz | **Anfahrt** A22, Ausfahrt Brixen / Pustertal, Richtung Brixen-Zentrum über Brennerstraße und Dantestraße, links abbiegen auf die Romstraße | **Öffnungszeiten** Di–So 9.30–12 und 15–18 Uhr | **Tipp** In Klausen finden regelmäßig an diversen öffentlichen Plätzen Happenings, Aktionen und Ausstellungen der Off-Szene statt, die unter dem Titel »Kunst Bodennah« zusammengefasst sind.

30 Das Havlíček-Haus

Heimweh nach Böhmen

Politisch missliebige Personen wurden damals einfach abgeholt. Mitten in der Nacht des 16. Dezember 1851 bekam der unabhängige tschechische Journalist Karl Havlíček an seinem Wohnort Deutschbrod das Verbannungsdekret überreicht. Begleitet von einer Polizeieskorte, wurde er sogleich nach Brixen verfrachtet. Seiner Ausweisung waren mehrere Verurteilungen wegen Pressevergehen vorausgegangen. Havlíček war öffentlich gegen einen prorussischen Panslawismus eingetreten. Am liebsten wäre ihm eine tschechische Staatsnation gewesen, in der die Deutschsprachigen die Rolle einer gleichberechtigten Minderheit übernehmen sollten. Die Wiener Regierung, man ahnt es, war darüber wenig erfreut.

In Brixen fühlte er sich, abgeschnitten von seiner gewohnten intellektuellen Umgebung, »wie ein Mineral«. Dabei durften schon bald seine geliebte Frau Julie und seine kleine Tochter Zdenka nachkommen. Auch seine diversen Wohnorte waren keine schlechten Adressen. Havlíček beklagte sich dennoch: über den österreichischen Staat, der nicht genügend für seine Lebenshaltungskosten aufkam, über das viel zu teure Kinderspielzeug aus dem Grödental, über das eintönige Essen, den schlechten Wein und das ebenso schlechte Obst. Nur den Weißen Rosmarin, eine Tiroler Apfelsorte, ließ er gelten, schickte Ableger davon sogar nach Böhmen.

Gute drei Jahre später, im März 1855, erfuhr er, dass die Verbannung aufgehoben war; es dauerte mehrere Wochen, bis die offiziellen Papiere eintrafen. Als er am 28. April Brixen verließ, war er wenige Tage zuvor Witwer geworden. Vom Tod seiner vorausgereisten Ehefrau Julie erfuhr er erst bei seiner Ankunft in Prag. Havlíček überlebte seine Ehefrau nur um ein knappes Jahr.

Der Verfechter der Nationalidee lockt noch immer zahlreiche tschechische Touristen und Nationalisten an den ungeliebten Ort seiner Verbannung. Sie huldigen dem »Erwecker des tschechischen Volkes« mit Blumen.

Adresse Kachleraustraße 1, 39042 Brixen | **ÖPVN** Bus 1, Haltestelle Dantestraße-Schulen | **Anfahrt** über die Brennerstraße, Dantestraße, Weißlahnstraße, rechts in die Kachleraustraße | **Öffnungszeiten** Privathaus, nur Außenbesichtigung möglich | **Tipp** Es lohnt ein Ausflug zum etwas höher gelegenen Buschenschank Villscheiderhof (Untereben) mit eigener Hofkellerei und einer bodenständigen Küche.

31 Das Hotel Elephant

Kolossale Erscheinung

Viele Reisende, die über den Brenner nach Italien unterwegs sind, erkennen in der leicht ansteigenden Terrassenlandschaft im Brixner Becken erstmals ein Zeichen des Südens.

Einen lebhaften Durchzugsverkehr gab es hier schon im Mittelalter und daher auch viele große Gasthäuser und wichtige Handwerkstätten, in denen sich Rädermacher, Schmiede und Sattler um die Fuhrwerke und Pferde kümmerten. Die Wirtstaverne Elephant war die erste Anlaufstelle in Brixen, wenn man vom Norden kam. Ihren Namen erhielt sie von einem »mausfarbenen, 12 Schuh hohen« Dickhäuter, der im Dezember 1551 in Begleitung von Edelleuten, Dienern und Lakaien zwei Wochen lang hier haltmachte, bevor er nach Wien weiterreiste. Kurz zuvor hatten die Bischöfe des Konzils in Trient sogar ein Feuerwerk für den aufsehenerregenden Gast abgebrannt.

König Johann III. von Portugal hatte das Tier seinem Neffen Erzherzog Maximilian von Österreich zum Geschenk gemacht, doch leider überlebte es diesen Zwischenstopp in Brixen nur zwei Jahre. Der Elefant war in seinem Wiener Gehege falsch ernährt worden. Zuletzt stand er noch ausgestopft im Bayrischen Nationalmuseum, doch als die Alliierten 1942 München angriffen, verfrachtete man ihn in den feuchten Museumskeller, wo er endgültig zerfiel. Übrig sind nur noch ein Stuhl, den man aus seinen Knochen gebaut hat – er steht im Stift Kremsmünster in Oberösterreich –, sowie die vielen Erinnerungen an dieses königliche Geschenk, das auch den Beginn einer kolonialen Expansionspolitik anzeigt.

Dem Gasthaus bescherte das Tier einen besonderen Namen und eine gastronomische Erfolgsgeschichte. Über die Jahrhunderte wurde das Haus umgebaut und immer wieder sorgfältig restauriert. Angehörige des Hochadels und der Aristokratie haben im Elephanten ebenfalls gewohnt, wie auch der Maler Carl Spitzweg, der Schriftsteller Henrik Ibsen oder »Derrick« Horst Tappert.

Adresse Weißlahnstraße 4, 39042 Brixen | **ÖPVN** Bus 2, Haltestelle Hotel Elephant | **Anfahrt** Brennerautobahn A 22, Ausfahrt Brixen, weiter über die Brennerstraße, nach 1,7 Kilometern links in die Weißlahnstraße abbiegen | **Tipp** Zu den Topadressen der Stadt zählt auch das beim Dom liegende Künstlerstübele Finsterwirt, ein Traditionsgasthaus mit einem Originalgewölbe aus dem 16. Jahrhundert, dessen Haubenrestaurant mit mediterranen und südtirolerischen Speisen punktet.

32 Der Kunstsilo

Ohne Anfang und Ende

Ob man nun auf der Brennerautobahn nach Süden fährt oder mit der Bahn Südtirol bereist: Der Turm im Süden von Brixen fällt auf, man erkennt aber erst auf den zweiten Blick, dass es sich dabei um ein Hochsilo handelt.

Der ursprünglich dunkelgrüne Speicher der Firma »barth building interior architecture« war trotz versuchter Farbtarnung ein Fremdkörper im Gewerbegebiet, für den sich der Jungunternehmer Ivo Barth, ein Neffe des bekannten Südtiroler Architekten Othmar Barth (siehe Seite 64), ein neues Aussehen wünschte. Der ausgebildete Tischlermeister liebt nämlich die zeitgenössische Kunst und Architektur, versteht er sich doch als traditionsreicher Unternehmer, der neben Holz auch Materialien wie Glas und Inox mitverarbeitet, als »Konstrukteur von Raumerlebnissen«.

Mit den Werken Esther Stockers kam Barth zum ersten Mal im Kunsthaus Graz in Berührung; die Südtirolerin, die in Wien studiert hat und inzwischen mit Malereien und Rauminterventionen auf Ausstellungen in der ganzen Welt vertreten ist, erhielt 2006 von Barth den Auftrag, das 21,5 Meter hohe »Ungetüm« zu gestalten. Stocker arbeitet seit vielen Jahren mit den Farben Schwarz und Weiß, die im eigentlichen Sinne nicht als Farben gelten und in dieser Kombination auch nicht in der natürlichen Umwelt existieren. Der Rundsilo, der nie als Ganzes wahrgenommen werden kann und daher auch keinen bestimmten Anfang und kein definierbares Ende hat, wurde nach Stockers Entwürfen mit unzähligen ungleichen schwarzen und weißen Rechtecken lackiert. Es sind scheinbar einfache, in ihrer Größe und Position variierte und verschobene Formen, die hier aneinandergereiht werden und sich in einem subtilen Rhythmus wiederholen. Die präzise geometrische Arbeit erhält in der näheren Betrachtung etwas Flüchtiges, nicht Fassbares und sorgt doch vor dem Hintergrund der Berge und des Himmels für einen bleibenden Eindruck.

Adresse Firma Barth Innenausbau, Julius-Durst-Straße 38, 39042 Brixen | **ÖPNV** Bus 3, Haltestelle Industriezone/IZ Progress | **Anfahrt** Brennerautobahn A 22, Ausfahrt Brixen/Industriezone, im ersten Kreisverkehr die 2. Ausfahrt Industriezone nehmen, beim 2. Kreisverkehr wieder die Ausfahrt Industriezone nehmen, der Turm befindet sich nach 1,5 Kilometern auf der linken Seite | **Tipp** Das Künstlerpaar Manfred A. Mayr und Carmen Müller wurde Ende der 1990er Jahre mit der Neugestaltung des Oratoriums im Bischöflichen Institut Vinzentinum beauftragt – ein Beispiel geglückter zeitgenössischer Sakralkunst.

33_Der »Kapuzinerwastl«

Torso des Anstoßes

Dieses Alpinidenkmal, das keinen Kapuzinerpater, sondern einen Soldaten darstellt und nur wegen des Standorts beim Kapuzinerkloster vom Volksmund als »Kapuzinerwastl« bezeichnet wird, wurde am 6. Juni 1938 enthüllt. Es steht für die »Heldentaten« der italienischen Gebirgsjäger (Alpini) im Abessinienkrieg (1935–36), die unter Einsatz von Giftgas und Kampfflugzeugen gegen eine schlecht bewaffnete äthiopische Armee vorgingen.

Der Stein im Denkmalsockel stammt von den Hügeln des Mai Ceu (heute: Maychew) aus dem Norden Äthiopiens. Dort fand am 31. März 1936 eine Entscheidungsschlacht zugunsten Italiens statt, an der auch Soldaten aus der Division »Val Pusteria« (Pustertal) beteiligt waren. Der Name der Division wurde von den italienischen Faschisten aus Propagandagründen gewählt, um zu demonstrieren, dass auch Soldaten aus den neu an Italien angegliederten Gebieten für die Größe und für den Ruhm des Landes kämpften. Der italienische Kolonialkrieg in Ostafrika stieß aber bei den Südtirolern weniger aus pazifistischen denn aus antiitalienischen Motiven auf geringes Interesse, so war auch dieses Denkmal von Anfang an ein ungeliebtes, dessen politischer Symbolgehalt Aggressionen und Polemiken provozierte.

Einst als Denkmal zur Erinnerung an den Kolonialkrieg in Afrika errichtet, wurde es von der Südtiroler Bevölkerung immer häufiger als ein Monument der italienischen Herrschaft in Südtirol gesehen. In der politisch heißen Phase der 1960er Jahre, in der mit gewaltsamen Mitteln für mehr Autonomie der deutschsprachigen Minderheit gekämpft wurde, geriet auch das Alpinidenkmal ins Visier der Bombenleger. 1959, 1966 und 1979 ist es durch Attentate beschädigt worden; von der ursprünglich mannshohen Figur, die der Paduaner Bildhauer Paolo Boldrin geschaffen hat, blieb nur ein Torso übrig, der nach wie vor die Gemüter erhitzt und zu politischen Diskussionen unter den verschiedenen Sprachgruppen führt.

Adresse Kapuzinerplatz, 39031 Bruneck | **ÖPVN** Citybus 420.3, Haltestelle Kapuzinerplatz | **Anfahrt** über die Michael-Pacher-Straße zur Dantestraße bis zum Kapuzinerplatz | **Tipp** Das Cafè Rauchenbichler in der Michael-Pacher-Straße ist eine der besten Kaffeehausadressen in Bruneck.

34 Die Moessmer-Ateliers

Auf Tuchfühlung

Die Wege sind nicht unähnlich: In den Produktionsstätten der Firma Moessmer kann man verfolgen, wie aus Wolle ein hochwertiger Stoff wird; unweit davon, in den hinteren Werkshallen, entstehen aus Ideen künstlerische Versuchsanordnungen – und Kunstwerke.

Einst war Moessmer kaiserlich-königlicher Hoflieferant, heute produziert die Tuchfabrik für berühmte Modelabels wie Prada, Armani, Dolce & Gabbana und Louis Vuitton exklusive Stoffe, aber auch schwer entflammbare Textilien für Innenausstattungen. Man könnte auch sagen, Moessmer setzt mehr auf widerstandsfähigen Loden denn auf schnelle, sich gegenseitig verdrängende Moden. Qualität und Solidität trotzen erfolgreich der Permanenz des Wechsels, welche die Modewelt beherrscht.

Die Suche nach dem ewig Neuen kann die Firma getrost den drei Künstlerinnen Julia Bornefeld, Wilma Kammerer und Sylvie Riant überlassen, für die im Werkshallenbereich seit 2005 Ateliers eingerichtet sind. Da liegt ein durchscheinender, in Wachs gegossener Körper (Riant), wie zur ästhetischen Obduktion freigegeben, dort wurde ein Klavier mit Messern malträtiert (Bornefeld), und dazwischen breitet ein Rabe seine Flügel aus (Kammerer), als wolle er losfliegen – oder doch nur landen?

Während andere Unternehmen Kunst ankaufen und sich mit künstlerischen Wertanlagen schmücken, schafft Moessmer großzügige Produktionsräume für Kunstträume, zweckfreie Laboratorien für ungewöhnliche Inszenierungen oder für bildnerische Interpretationen weiblicher Lebenszusammenhänge. In der ehemaligen Direktorenvilla sitzt der bekannte Südtiroler Schriftsteller Joseph Zoderer und schreibt. Der Stoff geht auch ihm nicht aus.

Einmal im Jahr, im Sommer, wird Bruneck Ausstellungs- und Interventionsfläche der »Artists by Moessmer«. Unter anderem haben die drei Künstlerinnen mehrere Stadttürme mit rotem Loden umwickelt. Viel Stoff. Für neue Erkenntnisse und Enthüllungen.

Adresse Walther-von-der-Vogelweide-Straße 6, 39031 Bruneck | **ÖPVN** Citybus 420.3, Haltestelle Außerragen / Ragen | **Anfahrt** über die Dantestraße rechts in die Stukstraße abbiegen, am Stadtmuseum vorbei in die Bruder-Willram-Straße, die Verlängerung führt zur Tuchfabrik | **Öffnungszeiten** nach Vereinbarung; Firma Moessmer Tel. 0039 / 0474 / 533111
Tipp Die junge Galerie Prawneg & Wolf ist ein neuer Treffpunkt der Brunecker Kunstszene, initiiert und programmiert vom Künstlerkollektiv »wupwup«, das mit interessanten Kuratoren und Kunstschaffenden kooperiert.

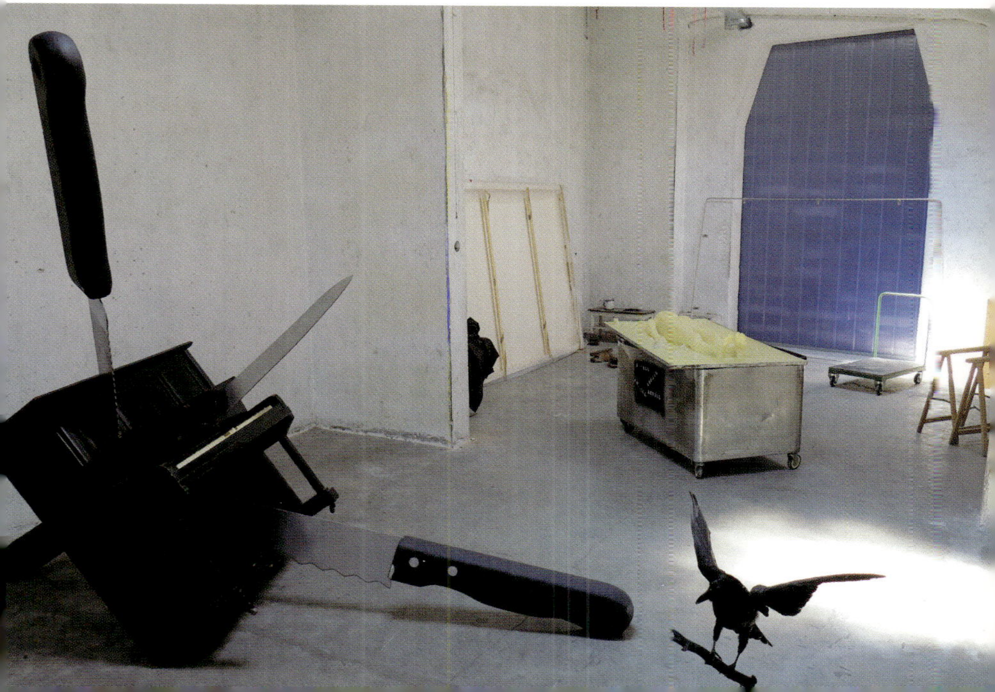

35__Der Gasthof Oberraut

Wer lange kocht

Es gibt augenblicklich einen gewissen Hype um das kleine Lokal. Das wird einen besonders dann stören, wenn man selbst keinen Tisch mehr bekommt. Die gute und sich beständig steigernde Küche hat sich bis ins Tal herumgesprochen. Zum Glück derer, die gern das Authentische suchen, das man oft in der kontinuierlichen Veränderung findet, liegt der Gasthof weitab vom Schuss, hoch über dem Tal und hinter den Wäldern: ein Ziel also, das man bewusst und mit konkreten kulinarischen Erwartungen anfährt.

Kaum ist die Tür geöffnet, sind die meisten Tische in den holzgetäfelten Stuben – und im Sommer auf der Terrasse – auch schon besetzt.

Das liegt neben der in Südtirol allgemein praktizierten gastronomischen Gemütlichkeit vor allem an der besonderen Küche von Christoph Feichter. Alles ist optimal, ungewöhnlich, überraschend: die Auswahl der Zutaten, die Fonds, mit denen Feichter seine Gerichte aufbaut, die Kompositionen, die Feinabstimmung in den Gewürzen und Küchenkräutern, die unterschiedlichen, immer punktgenauen Gartechniken und letztendlich die selbstverständliche Präsentation am Tisch.

Man isst beglückt, vergnügt, in bester Stimmung, und während eines viergängigen Menüs wird man oft genug von der Lust gepackt, mehr zu verlangen und einen Gang aus purer Freude nochmals zu essen. Beispielsweise dann, wenn ein Wildkräutersalat tatsächlich nach Wildkräutern schmeckt, als seien sie gerade auf der Wiese nebenan frisch gepflückt worden. Was hier allerdings vermutlich auch der Fall sein wird. Die Wacholdersauce zu den butterzarten Hirschmedaillons hat einen so eleganten, geradezu schmeichelnden Grundton, dass man ihr Ende, das leider viel zu früh kommt, sofort bedauert. Und auch die Gundelrebe, eine uralte Heilpflanze, die kaum noch jemand kennt, gibt der an sich schon ungewöhnlich delikaten Buttermilchcreme den letzten begeisternden Kick.

Adresse Amaten 1, 39031 Bruneck | **ÖPNV** Citybus 432, Haltestelle Abzw. Amaten | **Anfahrt** A 22, Ausfahrt Brixen/Pustertal, SS 49 bis Percha, links nach Amaten | **Öffnungszeiten** Mo–Mi und Fr–So 12–14 und 18.30–21.30 Uhr, Do geschlossen | **Tipp** Die Patisserie Acherer, Stadtgasse 8b in Bruneck, wurde als erster italienischer Betrieb in die Schweizer »Chaîne Confiseur«, die Vereinigung der besten Chocolatiers und Confiseure, aufgenommen.

36 Die Sonnenuhr

Die Zeit im Faltenrock

Sie ticken nicht, blinken nicht, piepsen nicht, sind so still, dass man sie eigentlich vergisst. Dennoch wandern die Schattenstäbe, wenn die Sonne scheint, unaufhaltbar über deren Ziffernblätter. Das ist in Südtirol statistisch gesehen an 300 Tagen im Jahr der Fall. Vermutlich gibt es deshalb an so vielen Kirchtürmen und Rathäusern, in Schloss- und Klosterhöfen Sonnenuhren. Die größte Dichte findet sich in Überetsch, die älteste Uhr im Innenhof des Klosters Muri in Gries in Bozen, sie ist aus dem Kolumbusjahr. Und was passiert, wenn die Sonne nicht scheint? Wer übernahm damals, als es noch keine anderen Uhren gab, dann die Zeitmessung? Die Kirchturmglocke? Der Hahn? Die »innere Uhr«? Wir, die wir nicht mehr von den natürlichen Rhythmen bestimmt werden, haben die Zeitschätzung längst verlernt. Vergessen sind die Berge, die als Namen Tagesstunden wie Neuner, Zehner, Elfer oder Zwölfer tragen, weil der Lauf der Sonne den Bergspitzen folgt.

Viele der aufwendig verzierten barocken Sonnenuhren sind mit kirchlichen Motiven versehen; die Schattenstäbe ragen aus der Hand oder dem Herzen einer Madonna, um die Gläubigen daran zu erinnern, dass Gott ihnen die Zeit geschenkt hat. Oder der Dekor mahnt durch aufgemalte Totenschädel an die Vergänglichkeit.

Ganz anders die Uhr am Ansitz Mair in Dietenheim, einst einer von vier 955 erstmals genannten görzischen Mairhöfen: Über dem Allianzwappen des ehemaligen Besitzerpaares Mor-Wenzl von Sternbach tanzt eine junge Frau in einem weißen Kleid. Der Schattenstab gleitet langsam über ihren Rock, den sie mit ihren Händen vor uns entfaltet. Sie tanzt mit der Zeit. So leicht kann Leben auch sein.

Heute beherbergt der zwischen 1690 und 1700 erbaute herrschaftliche Gutshof, in dem von 1871 bis 1879 das englische Schriftstellerpaar Mary und William Howitt seine Sommerfrische verbrachte, das Volkskundemuseum, Südtirols ältestes Landesmuseum.

Adresse Herzog-Diet-Straße 24, 39031 Bruneck | **ÖPNV** Citybus 420.2, Haltestelle Volkskundemuseum | **Anfahrt** Brennerautobahn A 22, Abfahrt Brixen, Pustertaler Straße bis Abfahrt Bruneck-Ost, der Beschilderung Dietenheim folgen | **Öffnungszeiten** Ostermontag – 31. Okt. Di – Sa 10 – 17 Uhr; Juli und Aug. Di – Sa 10 – 18 Uhr, So, Feiertage 14 – 18 Uhr, im Aug. auch Mo geöffnet | **Tipp** Sehenswert ist die auf einem ehemals strategisch bedeutsamen Felsen stehende Burg Taufers (in Sand in Taufers) mit ihren historischen Kinderporträts im Rittersaal.

37 Die St.-Helena-Kirche

Bilder aus Verona

Zwei Kilometer vor dem Ortskern Deutschnofen führt eine Landstraße zur Hügelkirche, die sich keinen schöneren Rahmen wünschen könnte: Der Blick des Besuchers wandert vom Lavazèjoch über den Zanggen und Latemar bis zu Laurins Rosengarten. Errichtet wurde die älteste Kirche Deutschnofens von Bergknappen, der Volkssage nach steht sie auf Silberstufen. Sowohl die verfallenen Bergwerksstollen als auch Bergwerkszeichen als Hofmarken in der Umgebung beweisen, dass hier bis 1790 nach Erzen geschürft wurde. Der Legende nach soll auch Helena – angeblich eine Stallwirtin aus einfachen Verhältnissen am Bosporus – in der Erde gegraben und im Heiligen Land auf das Kreuz Christi gestoßen sein. Der einschiffige Bau mit einer Rundbogenapsis besitzt eine offene Vorhalle, die nicht nur den Wanderhändlern und deren Waren Schutz vor Unwetter bot.

Man fühlt sich bei der Betrachtung des reichlich mit Fresken ausgestatteten Inneren nicht zufällig da und dort an Giotto und seine Nachfolger erinnert: Die von mindestens drei verschiedenen Händen ausgeführten Malereien zeigen einmal mehr, wie die veronesischen Formenbilder eigenständig verarbeitet wurden und nach und nach der lokalen Gotik wichen. Die Darstellungen der vier Evangelisten, die Schreibpulte und Bordürendekorationen sowie die lappenförmigen Passrahmungen weisen eindeutig nach Oberitalien, auf Maler wie Guariento di Arpo, der – noch stark von der byzantinischen Kunst geprägt – Giottos Innovationen verbreitet hatte.

Im Triumphbogen ist Gottes Erschaffung der Welt abgebildet; Adam und Eva sind heute wieder nackt zu sehen, nachdem man ihnen die später angefertigten Keuschheitsgürtel abgenommen hat. Liebhaber spätgotischer Fresken und weitläufiger Landschaftspanoramen kommen in St. Helena voll und ganz auf ihre Kosten. Die 1311 erstmals erwähnte Kirche wurde von Bozner Adeligen, den Herren von Niedertor, gestiftet.

Adresse östlich oberhalb von Deutschnofen, 39050 Deutschnofen | ÖPNV Bus 180, Haltestelle Deutschnofen, Fußweg circa 30 Minuten | Anfahrt A 22, Ausfahrt Bozen-Nord, bei Karneid auf SS 241 bis Birchabruck, rechts auf SS 620 bis zum Abzweig SP 72 nach Deutschnofen, von dort zu Fuß über St.-Helena-Weg zur Kirche | Öffnungszeiten auf Anfrage, Schlüssel nebenan im Kreuzhof | Tipp Die Pfarrkirche St. Ulrich in der Dorfstraße 8 besitzt den ältesten spätgotischen Flügelaltar Südtirols.

38 Das Kreuz Weißensteiners

Schlagartig gesund

Nur ein schmiedeeisernes Kreuz erinnert in Petersberg an den Bauern Leonhard Weißensteiner. Er war Vater von drei Söhnen. 1547 hatte er angeblich den Verstand verloren und war in eine Schlucht gestürzt. Kein Unglück, das nicht auch Glück in sich birgt: An der Absturzstelle in Maria Weißenstein erschien dem unverletzten Bergbauern die Gottesmutter Maria und versprach ihm geistige Gesundung, wenn er ihr zum Dank eine Kapelle errichtete. Beim Bau fand der gläubige Mann unter all den Steinen eine Marienstatuette, von der man heute nicht mehr mit Sicherheit weiß, wo sie sich befindet. Manche behaupten, sie sei in der Zeit der Kirchenschließungen unter Kaiser Joseph II. hinter dem Altar eingemauert worden; andere halten das angebliche Imitat, welches 1787 der Pfarre Leifers zugesprochen wurde, für das Original. Legendenfakt ist, dass Weißensteiners verwirrte Sinne entweder beim Aufprall in der Schlucht oder bei der Errichtung des Kirchleins wieder in Ordnung kamen und das Marienmirakel seit nunmehr fünf Jahrhunderten Menschen nach Weißenstein lockt. Die hell leuchtende Barockkirche, die um Weißensteiners Auffindungskapelle herumgebaut wurde, wirkt vor dem dunklen Fichtenwald selbst wie eine Erscheinung.

Die Gläubigen kommen, um ihre Sünden abzutragen oder um die Gottesmutter um Heilung anzuflehen. An Wundern fehlte es auch nach Weißensteiners Marienvision nicht: So sollen tot geborene Kinder in Weißenstein wieder lebendig geworden und psychisch Kranke geheilt worden sein.

Am 17. Juli 1988 besuchte sogar Papst Johannes Paul II. Tirols größten Wallfahrtsort; mit ihm kamen 30.000 Pilger. Hoffnungssuchende strömen nach wie vor herbei, gehen meist zu Fuß von Deutschnofen oder Leifers hinauf nach Maria Weißenstein, tragen Steine mit sich oder lassen andere gegen Bezahlung für sich pilgern. So oder so ist ihnen körperliche, pekuniäre oder seelische Erleichterung gewiss.

Adresse Pfarrkirche St. Peter, 39050 Deutschnofen | **ÖPNV** Bus 142 und 180, Haltestelle Petersberg | **Anfahrt** SS 12 Richtung Kardaun/Bozen/Jenesien/Ritten/Eggental, dann Auffahrt Richtung Rentsch/St. Magdalena, nach etwa 150 Metern im Kreisverkehr die Ausfahrt SS 241 bis Birchabruck, weiter auf der SS 620 bis zur Abzweigung rechts in die SP 72, dieser Straße bis Petersberg Dorf folgen | **Tipp** Der zweistündige Kreuzweg mit seinen 14 Stationen beginnt in Leifers und führt über Petersberg zum Wallfahrtsort Maria Weißenstein.

39_Das Steinhaus

Zeitspeicher

Der 2012 in Wien verstorbene Südtiroler Künstler Walter Pichler hatte die ersten fünf Lebensjahre im Eggental verbracht, bevor seine Eltern im Zuge der Option für das Deutsche Reich und gegen das faschistische Italien gestimmt hatten und nach Innsbruck ausgewandert waren. Doch vergessen hatte Pichler sein Tal nicht, ebenso wenig die Zeit in der Schmiede seines Großvaters.

Die mit dem Bachwasser betriebene Mühle, welche das Hammerwerk des Großvaters in Bewegung gesetzt hatte, sowie die Schmiede wurden unter Denkmalschutz gestellt. Und das wildromantische Eggental, das nach starken Regenfällen oft gesperrt werden musste, weil Muren abgegangen waren oder sich von den Felswänden Steinbrocken gelöst hatten, ist inzwischen mit Schutzgalerien und Tunneln versehen. Die Schlucht durchfährt man nur noch an einer Stelle. Die kürzeste Zufahrt von Bozen zu den westlichen Dolomiten ist sicherer geworden, viele Steine sind verschwunden, Porphyrsteine, die Pichler wieder aus einem alten, fast vergessenen Steinbruch zutage fördern ließ, um der Schmiede und der Mühle ein zusätzliches Haus hinzuzufügen, das die museal wirkenden Gebäude beleben sollte.

Architekt, sagte Walter Pichler einmal, sei er keiner, wenn schon, dann eher ein Baumeister – als solcher war er von Anfang an tätig gewesen, wollte die Architektur aber von den Zwängen des Bauens befreien und schuf bereits im Südburgenland Wohngebäude für seine Skulpturen, die er nicht verkaufte. Lieber verdiente er sein Geld mit der Gestaltung von Büchern, anstatt sich dem Kunstmarkt unterzuordnen.

Das Haus neben der Schmiede ist ein radikaler, fensterloser Bau mit Glasüberdachung. Zwei Räume liegen übereinander, Räume aus Erinnerungen, für die Pichler gleichwertige, feste Materialien gesucht hat, damit man darin zusammenkommen und feiern kann, damit wieder Leben einzieht und die Vergangenheit lebendig wird.

Adresse Unterbirchabruck, 39050 Deutschnofen | ÖPNV Bus 180, Haltestelle Birchabruck | Anfahrt SS 12 Richtung Kardaun / Bozen / Jenesien / Ritten / Eggental, dann die Auffahrt Richtung Rentsch / St. Magdalena nehmen, nach etwa 560 Metern im Kreisverkehr Ausfahrt SS 241, nach etwa 11 Kilometern liegt linker Hand der Gebäudekomplex | Tipp In der 5,4 Kilometer entfernten kleinen Ortschaft Gummer (Gemeinde Karneid) steht Südtirols erste und einzige Volkssternwarte.

40 Das Pound-Zimmer

Der Dichter und sein Schatten

Irgendein Burgzimmer muss man ja zeigen. Schließlich kommen die Fans aus aller Welt, um zu sehen, wo Ezra Pound, der vielleicht größte Dichter des 20. Jahrhunderts, in seinen letzten Jahren lebte. Sein Enkel Siegfried de Rachewiltz hebt die Schultern, beiläufig und ein bisschen resigniert: Alles sei hier Pound, die ganze Burg, noch heute sei der 1972 verstorbene Dichter gewissermaßen der gute Geist und immer allgegenwärtig, nicht zuletzt auch in seiner Tochter Mary. Seit 1948 lebt sie auf der Brunnenburg, die sie gemeinsam mit ihrem Mann, dem Ägyptologen Boris de Rachewiltz, restaurierte. Sie schafft es mühelos, in einem einzigen Satz drei oder vier Sprachen unterzubringen, und der Charme dieser alten Dame ist so federleicht und freundlich, dass man sich auch Pound so vorstellen möchte. Der wurde allerdings wegen Landesverrat zu Gefängnis verurteilt und für geisteskrank erklärt. Pound hatte über Radio Rom Propaganda für das faschistische Italien und gegen sein Vaterland, die USA, gemacht.

Vielleicht wird ein Museum draus. Noch ist es ein imaginäres. Ein sentimentales obendrein, voll mit Erinnerungsstücken, auch ganz privaten, die herumstehen und nicht wirklich archiviert und katalogisiert sind.

Es gibt wunderbare Exponate, sehr persönliche wie den Werkzeugkasten, den der Enkel für seinen Großvater bastelte. Man kann die Möbel sehen, die Pound mit den Werkzeugen zimmerte, und sich über seine Unbefangenheit im Umgang mit den Materialien wundern. Der Enkel hat sie später, als junger Mann, bunt angepinselt.

Aber auch Hemingways Scheck ist zu sehen, den er nach der Entlassung Pounds für einen Neuanfang schickte, den dieser aber nie einlöste. Briefe und Manuskripte liegen in den Schubladen, Fotos und Erstausgaben: die Erinnerungspunkte alter Freundschaften, die Pound so wichtig waren, wie die zu T. S. Eliot und William Butler Yeats.

Adresse Schlossweg 17, 39019 Dorf Tirol | **ÖPNV** Bus 221, Haltestelle Dorf Tirol 1, Fußweg circa 15 Minuten | **Anfahrt** A22, Ausfahrt Bozen-Süd, MeBo (Schnellstraße) Richtung Meran, Ausfahrt Sinich/Meran-Süd, dann SS38 bis zur Kreuzung, dann Richtung Dorf Tirol bis Hauptstraße (dort großer Parkplatz), Fußweg zur Brunnenburg | **Öffnungszeiten** Landwirtschaftsmuseum von Ostern bis Allerheiligen So–Do 10–17 Uhr | **Tipp** Von der Brunnenburg führt ein schöner Spazierweg an Schloss Tirol und der romanischen Kapelle St. Peter, der ältesten Taufkirche des Landes, vorbei nach Schloss Thurnstein.

41 Das Schloss Tirol

Die Erben der Herzogin

In den Zeiten, als das Wünschen noch geholfen hat, war man der Überzeugung, dass nur demjenigen das Land Tirol gehören dürfe, der auch das Schloss besitzt. Das Land war so schön, so reich und auch strategisch von so enormer Bedeutung, dass sich mächtige Fürstenhäuser um seinen Besitz bemühten.

Die Letzte, die den Tiroler Adler auf der Stammburg eng umschlungen hielt, war die Herzogin Margarete Maultasch (1318–1369): Sie verteidigte das Land und ihr Schloss gegen alle Invasoren, auch gegen die massive Belagerung des späteren böhmischen Kaisers Karl IV. Leider schätzte sie aber andere Okkupanten, die durch die Schlafzimmertür kamen, falsch ein. Ihre Ehen waren unglücklich, die erste wurde nie »vollzogen«, die zweite war erfolgreicher, aber ihre Kinder starben meist früh. Der letzte, auch militärisch talentierte Sohn Meinhard III. verschied, bevor er das Land übernehmen konnte. Schließlich übereignete sie das Land 1363 den Habsburgern. Die verlegten die Tiroler Residenz nach Innsbruck und überließen das Schloss weitgehend seinem von da an farblosen Schicksal. Es verfiel und soll zeitweilig sogar als Steinbruch gedient haben. Gegen Ende des 19. Jahrhunderts wurde es wieder notdürftig instand gesetzt und von Friedrich von Schmidt, dem Architekten des Wiener Rathauses, neugotisch überarbeitet.

Und wie steht es um die »Wiege Tirols« heute? Um die Stammburg aller Tiroler dies- und jenseits der Alpen? Im Jahr 2003 wurde in der komplett restaurierten Burganlage das »Südtiroler Landesmuseum für Kultur- und Landesgeschichte« eröffnet. Neben den kunstgeschichtlichen Besonderheiten wie den beiden bildreichen Steinportalen und der gotischen Ausstattung der Burgkapelle ist im Bergfried, der erst 1904 zu seiner heutigen Größe erhöht wurde, die gegenwärtig beste, umfangreichste und um historische Objektivität bemühte Dauerausstellung zur Geschichte und Politik des Landes zu sehen.

Adresse Schlossweg 24, 39019 Dorf Tirol | **ÖPNV** Bus 221, Haltestelle Dorf Tirol 1, Fußweg circa 20 Minuten | **Anfahrt** A 22, Ausfahrt Bozen-Süd, MeBo (Schnellstraße) Richtung Meran, Ausfahrt Sinich/Meran-Süd, dann SS 38 bis zur Kreuzung, dann Richtung Dorf Tirol | **Öffnungszeiten** Schloss: März–Nov. Di–So 10–17 Uhr; Aug. Di–So 10–18 Uhr; Museum: 14. März–8. Dez. Di–So 10–17 Uhr; Aug. Di–So 10–18 Uhr | **Tipp** Das Meraner Stadtmuseum im Palais Mamming am Steinachplatz zeigt viele Kuriositäten zur Südtiroler Geschichte, unter anderem ein Hufeisen, das dem Freiheitskämpfer Andreas Hofer gehörte.

42 Das Gasthaus Schenk

Treffpunkt der »Bumser«

Man hat den BAS, den Befreiungsausschuss Südtirol, schon mit den Terroristen der Roten Brigaden oder der RAF in Deutschland verglichen. Die südtirolerisch-österreichische Untergrundbewegung führte ab 1956 bis 1968 Anschläge gegen den italienischen Staat durch, um die Weltöffentlichkeit auf den »volkstumspolitischen und sozialen Notstand« der deutschsprachigen Minderheit aufmerksam zu machen.

Mitbegründer und zentrale Figur des BAS war der Gemischtwarenhändler Sepp Kerschbaumer (1913–1964) aus Frangart. Im Unterschied zu anderen war er zwar für die Selbstbestimmung Südtirols, aber als überzeugter Christ gegen Terrorakte, die Menschenleben kosten würden. Kerschbaumer traf sich mit seinen Mitstreitern häufig im Gasthaus Schenk.

Da die Verhandlungen zur Lösung des Südtirolproblems keine konkreten Maßnahmen zur Verbesserung der Autonomie Südtirols erbrachten, plante Kerschbaumer zusammen mit Gleichgesinnten Sprengstoffanschläge, die im Sommer 1961 in der sogenannten »Feuernacht« gipfelten. Nachdem Hochspannungsmasten und italienische Denkmäler gesprengt worden waren, reagierte der italienische Staat mit einer Verstärkung der Sicherheitskräfte, mit Verhaftungen, Folterungen und Hausarresten. Kerschbaumer wurde zu 15 Jahren verurteilt; er starb in seiner Gefängniszelle an einem Herzinfarkt.

Für die immer blutigeren Anschläge nach 1962 waren vor allem rechtsextreme Aktivisten aus Österreich und Deutschland verantwortlich. Sie versuchten, die aufkommende Verständigung zwischen Österreich und Italien zu torpedieren. Ihre moralische Legitimation haben die Männer des BAS in den Jahren 1962 bis 1968, als es zu tödlichen Gewaltakten gekommen war, bei vielen Südtirolern verspielt. Uneinigkeit über die Sinnhaftigkeit der Anschläge herrscht bis heute. Die sogenannten »Bumser« werden für die einen immer Freiheitskämpfer bleiben, für die anderen Terroristen.

Adresse Sepp-Kerschbaumer-Straße 8, 39057 Eppan | **ÖPNV** Bus 130, Haltestelle Sigmundskron | **Anfahrt** SS 42 Richtung Eppan, nach 1 Kilometer scharf links in die Bozner Straße abbiegen, wieder links in die Sigmundskroner Straße und dann rechts in die Sepp-Kerschbaumer-Straße | **Öffnungszeiten** Mi–Mo 9–21 Uhr | **Tipp** Auf der Brennerstraße, nördlich von Waidbruck, wurde in den frühen Morgenstunden des 30. Januar 1961 das Mussolini-Reiterstandbild vom BAS in die Luft gejagt. Heute erinnert nur noch ein leerer Sockel neben dem Elektrizitätswerk an die gesprengte faschistische Plastik »Alu-Duce«.

43 Die Franzensfeste

Gebunkertes Gold

Die imposante Kriegsarchitektur zwischen den bewaldeten Bergflanken bleibt auf der Fahrt von Norden nach Süden nicht unbemerkt. Die Bahntrasse, aber auch die Brennerautobahn schlängeln sich mitten durch die Festungsanlage. Man wird durch die dicken Mauern und unzähligen Schießscharten, von denen aus man die gesamte Umgebung unter Beschuss nehmen konnte, an eine mächtige Burg erinnert. Doch wurde Franzensfeste erst in den Jahren 1833 bis 1838 unter ihrem Namensgeber Kaiser Franz I. in der österreichischen Monarchie als Talsperre errichtet. Das dreiteilige Bollwerk sollte verhindern, dass feindliche Truppen – wie einst 1809 Napoleon – ungehindert durch Tirol marschieren konnten. Der Bau kostete das angeschlagene Kaiserreich 2,6 Millionen Gulden, was heute einer Summe von 400 Millionen Euro entspräche.

Im Ernstfall hätte man in 130 granitsteinernen Kasematten und offenen Stellungen die verschiedensten Geschütze und in den unzähligen über- und unterirdischen Räumen mehr als 1.000 Männer unterbringen können, doch dazu kam es nie. Denn die kriegerischen Auseinandersetzungen blieben aus, sodass die Verteidigungsanlage lediglich als Depot und Pulverkammer Verwendung fand. Nach dem Friedensvertrag von Saint-Germain, vom September 1919, löste sich Österreich-Ungarn ohnehin auf: Südtirol wurde italienisches Staatsgebiet.

Im Kriegswinter 1943 wurden die Goldreserven der Banca d'Italia durch deutsche Besatzungstruppen und Verantwortliche der italienischen Staatsbank in einem doppelt gesicherten Felsstollen in der Franzensfeste eingelagert. Auf Basis eines »Abtretungsabkommens« sollte das Gold zur gemeinsamen Kriegsführung verwendet werden. Von den rund 125 Tonnen Edelmetall mussten 25 Tonnen als Kreditabsicherung in die Schweiz gebracht werden, 75 Tonnen in Goldbarren und -münzen wurden nach Berlin zur Deutschen Reichsbank transportiert und zu Kriegsende im Mai 1945 fanden die Alliierten noch etwa 25 Tonnen hinter den verschlossenen Stahltüren vor.

Adresse Brennerstraße, 39045 Franzensfeste | **ÖPNV** Bus 310, Haltestelle Franzensfeste (während der Landesausstellungen gibt es Shuttlebusse) | **Anfahrt** A 22, Ausfahrt Brixen, auf der SS 12 etwa 1 Kilometer Richtung Franzensfeste-Sterzing | **Öffnungszeiten** Mitte April–Ende Okt. Di–So 10–18 Uhr, historische Führungen Mai, Juni, Juli und Sept. So jeweils 15 Uhr, Aug. Fr 10.30 Uhr, So 15 Uhr | **Tipp** Am Anfang des Pustertals sind die Reste einer anderen Befestigungsanlage zu sehen: die der Mühlbacher Klause, die bis 1500 die Landesgrenze zwischen Tirol und Görz markierte.

44 Das Naturbad

Weiche Wellen

Nur etwa sechs Prozent der Flächen in Südtirol sind besiedelbar, die Hälfte davon soll bereits bebaut sein. Der große Rest, also etwa 94 Prozent, ist pure Natur, 50 Prozent sind bewaldet, 40 Prozent stehen unter Naturschutz. Und die modernen Südtiroler sind bereit, das wenige, das sie der Natur in einem Jahrhunderte währenden Kampf abgetrotzt und aus dem Schoß geschlagen haben, mit dieser auch wieder großzügig zu teilen.

Mitten im Agrarindustriegebiet von Gargazon, umgeben von stramm stehenden Apfeloptimierungsbäumen, neben MeBo und Bahntrasse, wurde dieses einzigartige Naturbad geschaffen, das wie so vieles Neue hierzulande von einer einnehmenden und geglückten Ästhetik ist. Jede Holzplanke und jeder Meter Kieselufer passt sich in ein Gesamtensemble zurückhaltender Grün- und Erdtöne ein. Und wie es sich für die naturkorrekte Betrachtung gehört, wird die steigende Besucherzahl zwar gern registriert, aber die Anzahl der Libellenarten, die das Bad zu ihrem eigenen gemacht hat, mit einem gewissen Stolz und als Siegesmeldung publiziert. Gegenwärtig sind es zehn.

Das im Mai 2010 eröffnete Naturbad ist etwa 12.000 Quadratmeter groß, die Becken – 2.200 Quadratmeter Wasserfläche, inklusive Regenerations- und naturnahen Uferbereichen – bieten 1.200 Quadratmeter Schwimmfläche. Von Anfang an war es als selbstständiges Ökosystem geplant. Hinter allem steckt unsichtbar modernste Technik, die das Bad mit Frischwasser versorgt und dezent die Wasseroberfläche von eventuellem Unrat reinigt. Eine ausgeklügelte Pflanzenfilteranlage sorgt für biologische Ausgeglichenheit und macht den Einsatz von fiesem, übel riechendem Chlor überflüssig. Man taucht bei so vielen Annehmlichkeiten unwillkürlich elegant ins Wasser ein und schwimmt leicht wie in Seide dahin, umrahmt von Schilf und Seerosen, im weichsten Wasser, das man jemals in einem öffentlichen Schwimmbad vorfand.

Adresse Bahnhofstraße 37, 39010 Gargazon | **ÖPNV** Bus 201, Haltestelle Gargazon, oder Bahn Bozen–Meran, Haltestelle Gargazon | **Anfahrt** A22, Ausfahrt Bozen-Süd, MeBo (Schnellstraße) Richtung Meran, Ausfahrt Gargazon, in Gargazon der Beschilderung zum Naturbad folgen | **Öffnungszeiten** Ende Mai–Anfang Sept. Mo–So 10–19 Uhr; Mitte Juni–Ende Aug. Mo, Mi, Do, Sa, So 10–19 Uhr, Di, Fr 10–20 Uhr | **Tipp** Im Wald über Gargazon am Tschögglberg fällt der ehemals reißende Aschlerbach in einer Schlucht über sieben Felsstufen hinab.

45 Der Palabirnbaum

Das Obst des Zaren

Pilli-Palli-Birnen hießen die Früchte mit dem unvergleichlichen Karamell-Zimt-Geschmack noch vor 250 Jahren, heute sind sie als Palabirnen bekannt. Woher der Name kommt, weiß man nicht, vielleicht stammt er aus dem Bistum Chur, das einst bis Meran reichte?

Der Baum neben der Stadtmühle wird auf 280 Jahre geschätzt, er kann noch einmal so alt und 25 Meter hoch werden. Bis zu 350 Kilogramm Birnen wachsen auf seinen Ästen, erzählt Ägidius Wellenzohn, der Besitzer des knorrigen Riesen, ein überzeugter Biobauer. Unter seinem Baum, sagt Wellenzohn, hätten schon die Franzosen gesessen und von den Früchten gegessen. Mehr Zeit zum Naschen hatten vermutlich die siegreichen Bayern.

Vielen Bauern erschloss sich der Nutzen dieser Bäume nicht mehr; so manches alte Naturdenkmal musste einer neuen Apfelbaumplantage weichen. Lange galten die Früchte als Arme-Leute-Essen, weil sie schnell weich und braun werden.

Die »Vinschger Palabirne« hat inzwischen eine eigene Seite auf Facebook. Doch nicht nur im Internet sorgt die Frucht mit der ledrigen Schale für Aufmerksamkeit; die Leute im Vinschgau erzählen sich wieder Palabirn-Geschichten, dass dieser und jener Kranke nach dem Verzehr von Palabirnen plötzlich gesundet sei, dass der Hausarzt zur Erntezeit kaum Patienten habe. Tatsächlich wirkt die säurearme Palabirne entschlackend und entgiftend und wurde deswegen in früheren Zeiten oft »Sommerapothekerbirne« genannt.

Ob Palabirnbrot, Palabirnschmarrn oder Palabirnschnaps – man tauscht wieder Rezepte aus und beratschlagt, wie man die mächtigen Bäume richtig stutzt und pflegt. Nicht nur die Slow-Food-Bewegung hat die Birnen, die im 19. Jahrhundert kistenweise an den Zarenhof versandt wurden, für sich wiederentdeckt – auch die Glurnser wissen die Früchte zu schätzen und feiern am dritten Sonntag im September den Palabirn-Sonntag, den sie zu ihrem heimlichen Kirchtag auserkoren haben.

Adresse zwischen Gerbergasse und St.-Pankratius-Gasse bei der Stadtmühle, 39020 Glurns | **ÖPNV** Bus 274, Haltestelle Glurns | **Anfahrt** auf der SS 40 von Meran durch den Vinschgau bis zur Abzweigung Glurns, auf der SS 41 bis zur Stadtmauer (Parkmöglichkeit) | **Öffnungszeiten** Blütezeit etwa Mitte/Ende April | **Tipp** Im Kirchtorturm befindet sich das Paul-Flora-Museum. Der in Glurns geborene Zeichner, Grafiker und Illustrator war langjähriger Chefkarikaturist der Wochenzeitung DIE ZEIT.

46 Die Puni-Destillerie

Skål!

Gut möglich, dass bereits im 6. Jahrhundert im Vinschgau Wein gepredigt, aber Whisky getrunken wurde. Schottische und irische Mönche christianisierten damals das Tal, und sie gelten als die Erfinder des Whiskys. Zumindest haben die frühen Mönche das keltische Ur-Feuerwasser »uisge beathe«, das Lebenswasser, so verfeinert, dass es seit dieser Zeit für angenehme Lebensgefühle an offenen Kaminen und in Bars sorgt.

Aus dem Vinschgau muss der Whisky dann irgendwann wieder verschwunden sein. Bei Ausgrabungen wurde nicht eine einzige Flasche entdeckt. Whiskyflaschen gehören übrigens zu den seltensten Fundstücken der Archäologie. Aber im Januar 2010 feierte das Getränk seine Wiedergeburt. Wie so vieles in Südtirol war auch die spektakulär. Das lag nicht nur am »Italian Single Malt«, dem einzigen Whisky, der in Italien gebrannt wird. Es lag zunächst an dem ungewöhnlichsten Gebäude, das jemals für eine Brennerei entworfen wurde. Der Architekt Werner Tscholl baute einen Kubus aus roten Betonziegeln, der »an die traditionelle Bauweise der typischen Stadelfenster angelehnt« ist, eine Sichtweise, die man auch als architektonisch völlig Ungebildeter spätestens nach dem dritten Glas teilen wird.

Der wichtigste Rohstoff für die Destillation ist das Getreide, aus dem das Malz gewonnen wird. Der Roggen wächst auf hoch gelegenen Feldern im Vinschgau, der noch in den Jahren vor der Äpfel-Mania die Kornkammer Südtirols war. Gerste und Weizen, die anderen Grundtöne für den »Triple Malt«, müssen importiert werden. Das Wasser als reiner Rohstoff ist zumindest so bedeutsam, dass sich die Destillerie nach dem Fluss Puni benennt, der im Ortlermassiv entspringt und ein Garant für die Klarheit und die geschmackliche Konstanz des Whiskys ist. Puni bietet auch deshalb eine »Pure« genannte Variante an, die es ermöglicht, den frischen Whisky vor der Lagerung zu kosten.

Adresse Am Mühlbach 2, 39020 Glurns | **ÖPNV** Bus 271, Haltestelle Glurns, Citybus 274, Haltestelle Glurns Rathaus | **Anfahrt** ab Meran oder Reschenpass auf SS 40 bis Abzweig SS 41 nach Glurns, vor Glurns links auf Am Mühlbach | **Öffnungszeiten** Shop Mo–Sa 10–12 und 14–18 Uhr, Führungen auf Anfrage | **Tipp** Im Hotel Grüner Baum, Stadtplatz 7, einem der schönsten Hotels im Vinschgau, wird die alte Architektur mit sehr modernem Design kombiniert.

47 Die Bergstation

Die verschwundene Franz-Held-Bibliothek

Erst verschwand Franz Held, dann seine Bibliothek. Die Franz-Held-Bibliothek hätte auf Dauer vermutlich nur aus zwei oder drei Regalbrettern bestanden. Zum einen ist nicht sehr viel Platz in der Bergstation, zum anderen gibt es nicht sehr viele Schriften, die man mit Franz Held und einem locker um ihn gezogenen Kreis von Schriftstellern, Trinkern und Aussteigern verbinden könnte. Insofern ist der Verlust eher imaginär als wirklich. Aber es war dennoch eine schöne und zeitlich gebundene Idee der Bozner Galerie Lungomare, ausgerechnet in der Bergstation Jenesien die Wartenden mit einer Bibliothek zu unterhalten, die dadaistische Literatur bereithalten sollte: Bücher vom ruhmlosen Franz Held und seinen berühmten Söhnen John Heartfield und Wieland Herzfelde. Außerdem mit Schriften von Franz Jung, Walter Serner und Raoul Hausmann, mit Schriften also, die schon während ihrer Entstehung die Polizei, die Staatsanwaltschaft und die damals junge Disziplin der Psychiatrie auf den Plan riefen.

Auch nach fast einem Jahrhundert kann man mit Dada noch immer Bürger erschrecken und über die Almen jagen. In den dörflichen Höhen würde man eher mit Ganghofer und Rosegger rechnen, mit Trenker und Rubatscher, die den Leser auf heile Welt und Gipfelglück einstimmten. Franz Held gehörte eher zur Spaßfraktion, mit gelegentlichem Tiefgang, wie er allen Trinkern eigen ist. Hier oben soll er durch die Felder gestrichen sein, einen ganzen Sommer lang, auf der Suche nach dem nächsten Rausch und dem nächsten Geniestreich, dichtend und sich selbst nicht mehr gewachsen. Seine vier Kinder hatten er und seine Frau zuvor in einer Almhütte zurückgelassen. Niemand weiß, warum. Die Eltern wussten es auch nicht und kamen ins Irrenhaus.

Die Bibliothek wäre so schön gewesen: Auf der nicht sehr großen Weltkarte dadaistischer Hoheitsgebiete hätte Jenesien einen erhabenen Ur-Ort der Bewegung bezeichnet.

Adresse Pichl 36, 39050 Jenesien | ÖPNV Seilbahn ab Rafensteiner Weg 15 / Sarntaler Straße, Bozen, bis Bergstation | Anfahrt A 22, Ausfahrt Bozen-Nord oder Bozen-Süd Richtung Bozen-Zentrum, der Ausschilderung nach Jenesien auf SS 508 folgen, Abzweig links nach Jenesien, am Ortseingang rechts in Botengasse über Dorfstraße zum Pichl | Tipp Als Kurzstreckendistanz auf dem Europäischen Fernwanderweg E5 bietet sich eine Wanderung über den Salten zum »Gasthaus Edelweiß« auf 1.355 Metern an.

48_Der Berg-Ahorn

Unterm Baumhimmel

Er ist zweifellos einer der schönsten frei stehenden Bäume in Südtirol, der Berg-Ahorn in Flaas. Ein heiliger Baum, wie die Landschaftsmaler Jacob van Ruisdael und Caspar David Friedrich ihn in früheren Jahrhunderten noch malen konnten, ein beeindruckender Solitär, der dem Betrachter unmittelbar und ganz unbewusst dieses wärmende Gefühl gibt, dass doch alles im Leben seinen fest verwurzelten Sinn hat und nichts grundlos ist. Das Schöne dauert, es wächst, und eines Tages in der Zukunft oder in den Träumen wird dieser Baum vielleicht in den Himmel wachsen. In seiner kräftigen, belaubten Form gibt er alles, was ein Baum geben kann: Zuversicht und Schutz, Hoffnung und Schatten. Und er stellt die Wünsche und Sehnsüchte dar, die groß und dauerhaft sind, standhaft gegen alle Stürme und unbeeindruckt von den gefährlichen Winden, die der Alltag manchmal bereithält. Bäume sind Projektionsflächen.

Und da er nicht nur einer der Schönsten ist, sondern auch einer der ganz wenigen, die ein Gasthaus direkt neben sich haben, ist es hier an sonnigen Tagen manchmal so voll wie in der Bozner Altstadt. Außerdem kann man mit dem Auto direkt ranfahren: man muss sich nur noch aus dem Wagen fallen lassen, und schon ist man am Ziel.

Man lagert um ihn und ehrt ihn mit Picknickkoffern und Kühltaschen. Endlich findet man im ausgelassenen Geschrei der Sommerkinder die Zeit, Bücher zu lesen, die man zuvor von einem Strand zum anderen schleppte. Hier lesen sie sich fast von selbst, so, wie sich auch die Kreuzworträtsel und Sudokus im dämmrigen Halbschlaf beinah von selbst lösen.

Seit 300 Jahren suchen Menschen seine Nähe. So alt soll er mindestens sein. Das Alter sieht man ihm dennoch nicht an. Man möchte vermuten, dass er erst jetzt in den besten Jahren ist. Und wie Italo Calvinos »Baron auf den Bäumen« könnte man sich vorstellen, hinaufzuklettern und den Boden nie wieder zu betreten.

Adresse Flaaser Straße 24 (beim Gasthof Tomanegger), 39050 Jenesien | **ÖPNV** Bus 156, Haltestelle Jenesien | **Anfahrt** A 22, Ausfahrt Bozen-Nord oder Bozen-Süd Richtung Bozen-Zentrum, der Ausschilderung nach Jenesien auf SS 508 folgen, Abzweig links nach Jenesien, durch den Ort auf Flaaser Straße nach Flaas | **Tipp** Nicht weit von Flaas und einsam in den Wäldern liegt Kampidell, die alte Sommerresidenz der Bischöfe von Brixen.

49 Die Zwergschule

Ein Dichter als Berglehrer

Die Fahrt nach Bozen dürfte damals tatsächlich noch »eine halbe Weltreise« gewesen sein und das Dorf lediglich aus »schule kirche wirtshaus dazugehoerige holzhuetten & gaerten« bestanden haben – so jedenfalls beschrieb der 1946 in Bruneck geborene Dichter Norbert C. Kaser das 1.300 Meter hoch gelegene Flaas am Tschögglberg. Hier war er 1973/74 Bergschullehrer einer dreiklassigen Zwergschule.

Anfangs wohnte der 26-Jährige im Gasthaus, dann übersiedelte er ins Schulgebäude, einen Modellhubschrauber als heiligen Geist an der Decke seiner »elendiglichen bude«. Kaser, der Kapuzinernovize, Studienabbrecher, Mauteinheber, empfindsame Querkopf und originäre Dichter, hatte damals noch kein Buch veröffentlicht und schaffte es auch bis zu seinem frühen Tod nicht, eine eigenständige Publikation herauszubringen. Er schrieb wie ein Besessener im Stil der Neuen Subjektivität der 1970er Jahre Gedichte, Briefe und Prosaminiaturen, in denen er seine Erfahrungen »ausfluechte, ausfluchten & flueche« poetisch, in einfachen, aber eindrücklichen Bildern verarbeitete.

Dass einer, der schulische Programme und Klassenbücher hasste, keinen normalen, an einen Stundenplan gebundenen Unterricht veranstaltete, versteht sich von selbst. Die »unzumutbaren« Lesebuchtexte ersetzte Kaser durch eigene, hieß die Schüler Knöpfe von den Jacken abtrennen und wieder annähen, Frösche fangen oder Gerichtsverhandlungen inszenieren. Sein Unterricht bezog sich auf die bäuerliche Lebensrealität seiner 16 Schulkinder, sein eigenes Leben im »kulturell-zivilisatorischen exil« war äußerst bescheiden und kontaktarm. Zur Ruhe kam er auch dort nicht. Wegen der Trinkerei, diverser Krankenhausaufenthalte und seiner speziellen Lehrmethoden wurde sein Vertrag als Berglehrer nicht verlängert. Sein Leben auch nicht. Er starb 31-jährig an einem Lungenödem als Folge fortgeschrittener Leberzirrhose.

Adresse gegenüber der Dorfkirche in Flaas, 39050 Jenesien | ÖPNV Bus 156, Haltestelle Flaas | Anfahrt SS 12 Richtung Kardaun / Bozen / Jenesien / Ritten / Eggental / Sarntal, die Ausfahrt Rentsch / St. Magdalena nehmen, der Beschilderung Sarntal folgen, zu Beginn des Sarntals links nach Jenesien abzweigen, weiter auf der Flaaser Straße nach Flaas | Tipp Das Grab des 1978 verstorbenen Südtiroler Dichters liegt auf dem Brunecker Friedhof.

50 Der Drescher-Keller

Palladios Erbe

Er hat gleich mehrere Anwesen im Überetsch umgebaut: Luca d'Allio vom Comer See, ein Schüler des berühmten italienischen Architekten Andrea Palladio. Neben dem Drescher-Ansitz soll er auch das Eppaner Schloss Paschbach, späteres Wohndomizil des bekannten Pianisten Arturo Benedetti Michelangeli, umgestaltet haben.

Nicht Musiker, jedoch berühmte Dichter verkehren zuweilen im Ansitz Drescher, der seit 300 Jahren in Familienbesitz ist und inzwischen von Theo Drescher verwaltet wird. Sein älterer Bruder Roman belebt Haus und Hof sporadisch mit kleinen Literaturveranstaltungen. »›Reim und Zeit‹ in Kaltern ließ den Dichter 1 ½ Stunden altern«, schrieb einst Robert Gernhardt ins Gästebuch.

Zeitlos hingegen wirkt der edle Renaissance-Ansitz, den d'Allio mit auffallenden architektonischen Merkmalen wie einer Freitreppe und einem Taubenschlagtürmchen auf der Südseite versehen hatte, auf dem in roter Schrift die Jahreszahl 1594 ablesbar ist.

Wer durch den Torbogen den Hof betreten hat, wähnt sich im Süden: eine Palme, Oleandersträucher, Geranien und Fuchsien schmücken den vorderen Hof; im hinteren Bereich flattern und schnattern schräg gegenüber der modernen Orangerie aus Stahl und Glas (Architekt: Walter Angonese) Papageien- und Hühnervögel wie Rosellasittiche und Goldfasane in großzügigen Volieren.

Zum Ansitz Drescher gehören zahlreiche Weinberge, deren Erträge früher noch im eigenen Keller gekeltert wurden. Um 1800 wurde der Drescher-Wein mit Pferdekutschen nach Innsbruck exportiert, 100 Jahre später »über die Gasse« abgegeben.

Seit 1964 besteht der »Drescher-Keller« in seiner heutigen Form. Drinnen oder draußen kann man eine »Marende« mit Almkäse und Gartentomaten einnehmen, dazu vom Thai- oder Zitronenbasilikum kosten. Ein Glas von der Hausmarke »Kalterersee« darf natürlich nicht fehlen. Und was schrieb Gernhardt zum Schluss? »Gut war's. Danke.«

Adresse Maria-von-Buol-Platz 3, 39052 Kaltern am See | ÖPNV Bus 130, Haltestelle Rottenburger Platz | Anfahrt MeBo SS 38 Richtung Meran, Ausfahrt Eppan/Kaltern, erst der SS 42, dann der Weinstraße SP 14 folgen, ins Dorfzentrum fahren; der Drescher-Keller ist nur 2 Minuten von der Pfarrkirche entfernt | Öffnungszeiten Ostern bis Allerheiligen Mi–Mo 10–20 Uhr | Tipp Ein Spaziergang auf dem Naturerlebnisweg am See ist vor allem für Ornithologen ein Muss, denn es gibt dort mehr als 100 Vogelarten.

51 Das Weingut Manincor

Hand aufs Herz

Die Sterne der Nacht, die Blumen des Tages und die Augen der Kinder seien uns aus dem Paradies geblieben, sagt Dante. Lebte er heute, er würde jene Überetscher Landschaft dazuzählen, die sich vor einem öffnet, wenn man aus dem Verkostungsraum der Kellerei Manincor ins Freie tritt.

Hieronymus Manincor zu Ehrenhausen hat sich 1608 keinen schöneren Platz aussuchen können: Auf einem Hang, der zum Kalterer See ausläuft, steht heute noch das historische Anwesen des Schatzkämmerers des Erzherzogs Maximilian III. von Österreich.

1977 erwarb Georg Graf Enzenberg Weingüter und Gebäude, 1996 gründete sein Neffe Michael Graf Goëss-Enzenberg die Eigenbaukellerei Manincor mit 45 Hektar Weinlagen in Terlan und Kaltern. Gemeinsam mit den Architekten Walter Angonese, Rainer Köberl und Silvia Boday konzipierte er 2001 eine Erweiterung des Kellers, der in seiner Art ähnlich charaktervoll, stilvoll und komplex sein sollte wie die Manincor-Weine. Der Trend zur modernen Bauweise in der Weinbranche hat sich zwar inzwischen in ganz Südtirol durchgesetzt, doch Manincor (übersetzt: Hand aufs Herz) ist die bei Weitem gelungenste Symbiose von visualisierter und unsichtbarer Weinkultur.

Steht man vor dem Renaissanceansitz sind nur der mit einem Betondach versehene Weinverkaufsraum aus Glas und Holz, die Einfahrt zur Kellerei und das Vordach des Verkostungsraums, das aus dem Weinberg herauszuwachsen scheint, sichtbar. Außen unspektakulär, innen innovativ monumental – so ließe sich der 3.000 Quadratmeter große dreistöckige Keller beschreiben, der aus Rücksicht auf die alte Kulturlandschaft in die Erde gegraben wurde und so Weinbau und Weinherstellung in einem Weinberg vereint. Und in den Eichenfässern in den am tiefsten gelegenen Lagerräumen reifen, begleitet von gregorianischen Gesängen, die den Reifungsprozess positiv beeinflussen sollen, elegante Spitzenweine …

Adresse St. Josef am See 4, 39052 Kaltern am See | **ÖPNV** Bus 130.1, Haltestelle St. Josef | **Anfahrt** MeBo SS 38 Richtung Meran, Ausfahrt Eppan/Kaltern, erst der SS 42, dann der Weinstraße SP 14 nach Kaltern am See folgen | **Öffnungszeiten** März–Dez. Mo–Fr 9.30–12.30 und 13.30–18 Uhr, Sa 10–17 Uhr | **Tipp** Gute Weine und immer wieder interessante kulturelle Veranstaltungen gibt es in der Fünfziger-Jahre-Bar »Zum Lustigen Krokodil« im Dorfzentrum von Kaltern.

52_Die Absturzstelle

Sein einziger Fehltritt

Die Stelle ist gut markiert. Die bayrischen Grünen, die sich Reinhold Messner zeitweilig als prominentes, aber parteiloses Zugpferd für ihren stecken gebliebenen Wahlkampf wünschten, haben aus einem Fahrradsattel und einer Lenkstange einen Ochsenkopf gebastelt, der auf das Unglück verweist. Es war ihr Gastgeschenk, als sie Messner auf Schloss Juval besuchten. Mit ihrem ganz eigenen bajuwarischen Brauhaus-Humor hatten sie Pablo Picassos berühmten »Stierkopf« von 1943 nachempfunden und neben die Unglücksstelle genagelt. Picassos surrealistisches Original gilt als Meisterwerk, das den Doppelsinn enthüllt, der den Dingen und den sie umgebenden Ereignissen eigen ist und der durch eine Art kreativen Automatismus freigelegt werden kann.

Ganz dem alpinen Automatismus folgend, war Messner in einer rabenschwarzen Nacht im Juli 1995 die Außenmauer seines Schlosses hochgeklettert. In einem gewissen Sinn war es heroisch, aber auch naheliegend. Messner hatte nämlich die Schlüssel vergessen, und das Schlosstor war verriegelt. Der Wein, das heißt dessen Wirkung, soll ihn ein Stück in die Höhe gezogen haben. Andererseits ist für den berühmtesten aller Alpinisten, der auf den bedeutendsten und höchsten Bergen der Welt stand, eine gut profilierte Schlossmauer kein erwähnenswertes Hindernis. Außerdem fühlt sich Messner bekanntlich durch Mauern – meistens aber durch diejenigen, die in den Köpfen sind – besonders herausgefordert. Manche in Südtirol soll er sogar eingerannt haben.

Der einzige Absturz seines Lebens geschah beim Abstieg in den dunklen Innenhof. Er stürzte nicht tief, aber heftig: Die komplizierte Fußverletzung führte zu einem lebensbedrohlichen Blutverlust und zu mehreren Operationen.

»Die intensivsten Gedanken auf dem Gipfel dürfen nicht dem Triumph gehören«, hatte Messner einmal geschrieben, »sie müssen dem Abstieg gelten!«

Adresse Schloss Juval, 39020 Kastelbell | **ÖPNV** Bus 251, Haltestelle Abzweigung Schnals-Juval, im Sommer Zubringerdienst zum Schloss | **Anfahrt** ab Meran auf SS 38 bis zum öffentlichen Parkplatz zwischen Naturns und Staben, keine direkte Auffahrt möglich | **Öffnungszeiten** 4. So im März–30. Juni, 1. Sept.–1. So im Nov. 10–16 Uhr, Mi geschlossen | **Tipp** Der Schlosswirt Juval bietet eine gute Küche mit Südtiroler Produkten aus artgerechter Haltung und nachhaltiger Landwirtschaft (geöffnet ab 10 Uhr, Mi geschlossen).

53 Der Tscharser Schnalswaal

Lebensadern

Wenn die Waalschelle nicht mehr ertönt, ist Gefahr im Verzug. Dann ist der Lauf des Waalwassers unterbrochen, und der Waaler rückt aus, um Unrat aus dem Waal zu entfernen und den gleichmäßigen Wasserfluss wiederherzustellen. Die Bezeichnung Waal stammt vom lateinischen »aqualis« und meint einen künstlich angelegten Bewässerungskanal. Viele Jahrhunderte lang dienten diese von Menschenhand geschaffenen kleinen Kunstbäche, Rinnen und Kanäle der Flurbewässerung. In früheren Zeiten wurde das Waalwasser auch als Trinkwasser verwendet; man trieb damit Mühlen und Sägen, aber auch das Schaufelrad des Butterkübels an.

Da der Vinschgau zu den niederschlagsärmsten Gebieten in den Alpen zählt, hat man dort ein ausgeklügeltes Bewässerungssystem entwickelt, mit welchem das »Winter-« oder »Wetterwasser« gerecht auf den Feldern verteilt werden konnte. Das Vinschgauer Waalnetz umfasste einst eine Länge von nahezu 600 Kilometern; heute sind nur noch einige Haupt- oder Tragwaale in Funktion, an deren Dämmen und Waalsteigen sorgfältig restaurierte und mit Geländern versehene Waalwege errichtet wurden.

Der etwa elf Kilometer lange und über 500 Jahre alte Tscharser Schnalswaal führt noch immer Wasser, das über Schluchtwände und Stollen vom Schnalstal ins Vinschgauer Haupttal geleitet wird. Unterhalb von Schloss Juval, dem Sommerwohnsitz des Bergsteigers Reinhold Messner (siehe Seite 112), steht noch ein Waalerhäuschen, und nicht weit davon entfernt ist jene Schelle installiert, die mit ihrem regelmäßigen Klopfton anzeigt, dass das Wasser fließt und fließt und fließt … und im Rhythmus des Wassers geht auch der Wanderer los, immer dem Waal entlang, quert vegetationsarme Hänge, schlendert durch Mischwaldbestände zur Jausenstation Sonnenhof und weiter bis nach Tschars. Von der anderen Talseite ist der Waalweg als grünes Band zu erkennen, ein Vegetationsstreifen am kargen Vinschgauer Sonnenberg.

Adresse Dorfzentrum, den Hinweisschildern »Waalweg« folgen, erst Weg Nummer 3 bis zum Sonnenhof, dann weiter auf 1A bis Juval, 39020 Kastelbell | **ÖPNV** Bus 251, Haltestelle Tschars | **Anfahrt** SS 38 von Meran Richtung Reschen, vor Kastelbell links nach Tschars abbiegen, am Dorfeingang Parkmöglichkeit | **Öffnungszeiten** ganzjährig, witterungsabhängig | **Tipp** Im nahen Schloss Kastelbell finden interessante Kunstausstellungen statt; es lohnt aber auch ein Blick ins Schloss, insbesondere in die Marienkapelle, in der eine seltene Ikonographie (die heilige Maria mit dem Kind im Schoß der Dreifaltigkeit) zu sehen ist.

54 Die Burgruine Hauenstein

Wohnort des Rebellen

Der Verlust seines rechten Auges ist auf eine angeborene Missbildung zurückzuführen, er hat es nicht im Kampf verloren. Dennoch war der spätmittelalterliche Dichter Oswald von Wolkenstein (1377–1445), der einem Tiroler Kleinadelsgeschlecht entstammte, schon in jungen Jahren ein Rebell gewesen. Mit zehn verließ er sein Elternhaus, um die Welt zu sehen, und verdingte sich als Spielmann, Koch, Ruder- und Pferdeknecht. Er bereiste Arabien, die Türkei, Persien, Russland, Litauen, Frankreich, Spanien und viele andere Länder, bevor er, mit 22 Jahren, nach Südtirol zurückkehrte, um das ihm zustehende Erbe einzufordern. Die Auseinandersetzungen um dessen Teilung führten zu immer neuen Konflikten mit Ritter Martin Jäger und zu amourösen Verstrickungen mit Anna Hausmann, der Tochter des Brixner Schulmeisters, die ebenfalls ein Drittel von Hauenstein besaß.

Als Gesandter und Rat König Sigmunds nahm Wolkenstein an Eroberungs- und Kreuzzügen teil und errang zahlreiche Orden. Weniger erfolgreich war er im Kampf mit dem Landesfürsten Friedrich IV., gegen den sich der Tiroler Adel erhoben hatte, um die Reichsunmittelbarkeit zu erlangen. Damit Hauenstein schließlich in Wolkensteins Besitz übergehen konnte, musste er seinen Widerstand aufgeben und die sogenannte Urfehde geloben. Von der Burg sind heute nur mehr Mauerreste übrig; sie stehen zu Füßen der Santnerspitze mitten im Wald. Der Überlieferung nach soll Hauenstein aus einem gewaltigen Felsblock, der einst aus der Nordwand herausgebrochen war, erbaut worden sein.

Wolkensteins Liebesgedichte sind betörend, seine literarische Vielfalt ist beeindruckend: Er schrieb drastische Trink- und Tanzlieder ebenso wie Gebete und Marienlyrik. Wie kein anderer verstand es dieser streitbare, intrigante, meist in Geldnot steckende Ritter und Sänger, sich für seine adeligen Standesgenossen und für uns Nachkommen zu inszenieren.

Adresse im Wald unterhalb der Santnerspitze, 39040 Kastelruth | **ÖPNV** Bus 171, 176, 177, 178, 179, Haltestelle Seis am Schlern, von dort zu Fuß der Markierung 1/8 folgen | **Anfahrt** Brennerautobahn A 22, Ausfahrt Klausen, weiter auf der SS 12 Richtung Bozen, vor Blumau auf die SP 24 Richtung Völs am Schlern/Seis/Kastelruth, weiter bis Seis am Schlern | **Öffnungszeiten** ganzjährig, witterungsabhängig | **Tipp** Von Seis kommt man bequem mit einer Umlauf-Gondelbahn auf die Seiser Alm. Sie ist Europas höchste Hochalm und liegt mitten in den Dolomiten.

55__Der Lafogler Hof

Der Knödel bleibt rund

Es gibt diese unbestrittene Knödelherrlichkeit. Und manche, vor allem Touristen mit ausgeprägter Bergbauernsehnsucht, behaupten glückselig und manchmal noch mit vollem Mund, dass sie jeden Tag Knödel essen könnten. Sie beneiden die Südtiroler nicht nur um das Wetter, den Wein und die Berge, ihre schönen Umzüge und die dort offen bekannte Gottgläubigkeit, sondern auch um die Knödel in ihrer seit Jahrhunderten bekannten Vielfalt. Wer dieser Leidenschaft verfallen ist, sollte auf jeden Fall die facettenreichen Knödel von Frau Rier im Lafogler Hof in St. Oswald probieren. Hier begegnet man allen bekannten Knödelvarianten. Sie sind aktuell die besten in ganz Südtirol. Das ist zweifellos eine gewagte Behauptung, denn gute Knödel gibt es in fast jeder Gaststube, und das geheime Wissen der Frauen, die im Küchenhintergrund stumm an den knödligen Meisterwerken kneten, liegt schließlich sichtbar auf dem Tisch: Sie alle werden mit Wasser gekocht!

Man kann sie in Südtirol also blind essen und wird selten enttäuscht, aber Frau Rier hat den definitiven Dreh raus, wie man Knödel rollt. Es kommt natürlich nicht nur auf das Rollen und den fingerfeinen Andruck an, sondern selbstredend auch auf die Mischung der Zutaten, die abschließende Konsistenz vor dem Sprung ins heiße Wasser und auf die Erfahrung. Es ist wie bei japanischen Meisterköchen: Sie brauchen Jahre, bis sie Sushi »richtig« schneiden können, damit der Schnitt die feingliedrige Eleganz der Sushi zur Geltung bringen kann.

Der Lafogler Hof versteht sich mehr als Buschenschank, weniger als Restaurant. Bei aller Ambition für den tradierten Knödel ist die Speisenkarte deshalb eher schlicht gehalten mit Suppen, Schnitzel und einem immer empfehlenswerten Gulasch. Herr Rier ist Weinbauer und Jäger, eine glückliche Kombination, die das »Lafogl« auch während der Jagdsaison im Mai und Herbst zu einer guten Adresse macht.

Adresse St. Oswald 15, 39040 Kastelruth | **ÖPNV** Bus 177, Haltestelle Lafogler Hof | **Anfahrt** A 22, Ausfahrt Klausen/Gröden Richtung Bozen, dann links auf SS 242 Richtung Kastelruth, nach circa 3 Kilometern rechts abbiegen nach St. Oswald | **Öffnungszeiten** Ostern bis Ende Nov. Di–So ab 17 Uhr | **Tipp** Südtirols erster Biokräuterhof, der Pflegerhof, baut seit 1982 auf zwei Hektar mehr als 500 Pflanzenarten in Mischkulturen an und vertreibt Jungpflanzen, Tees und Gewürze, St. Oswald 24.

56 Der Dürerstein

Stehen, wo Dürer stand

An das Ereignis erinnert ein großer Stein mit seinem Namen. An dieser Stelle wird Albrecht Dürer nach seiner ersten Italienreise (1494–1495) mit großer Wahrscheinlichkeit gestanden haben, als er Klausen zeichnete. Das lässt sein berühmter Kupferstich »Nemesis (Das Große Glück)« vermuten, der die Stadt in ihrer Anordnung so zeigt, wie sie noch heute existiert: Mit Kirche, Brücke, Burg Branzoll und Kloster Säben, aber drucktechnisch bedingt seitenverkehrt. Vielleicht gab es, was einige Kunsthistoriker vermuten, auch ein heute verschollenes Aquarell, wie Dürer es unter anderem als Stadtansicht von Innsbruck oder Trient auf seiner Reise gemalt hat. Warum er ausgerechnet Klausen als Motiv für die griechische Göttin Nemesis wählte, mag man mit hinreichenden Lokalkenntnissen vermuten können, ist aber in der Biografie Dürers ohne erhellenden Hinweis geblieben.

Nemesis ist die griechische Göttin des gerechten Zorns und bestraft vor allem diejenigen, die sich der Hybris und der Anmaßung hingeben. In Dürers Stich schwebt die Rachegöttin, die auch als gerechte Richterin verstanden wurde, auf einer Kugel, die das Glück symbolisiert und gleichzeitig die Schwierigkeit verdeutlicht, im Moment des Glücks die Balance zu halten.

Dürers Nemesis-Darstellung geht auf ein Gedicht des Humanisten Angelo Poliziano zurück, in dem die römische Glücksgöttin Fortuna und die griechische Rachegöttin als eine Gestalt beschrieben werden.

Eine kunsthistorische Besonderheit des Stichs ist darin zu sehen, dass Albrecht Dürer in seiner Nemesis-Darstellung zum ersten Mal die idealen Proportionen des menschlichen Körpers nach den Regeln des antiken Architekten Vitruv im Kupferstich anwandte. Das berühmteste Beispiel dieses ästhetischen Ideals der Renaissance ist der von Leonardo da Vinci in Quadrat und Kreis dargestellte »Vitruvianische Mensch«.

Adresse oberhalb von Klausen, am Wanderweg 5 nach Lajen, 39043 Klausen | **ÖPNV** Bus 171, Haltestelle Klausen-Frag, Fußweg | **Anfahrt** A 22, Ausfahrt Klausen/Gröden, auf SS 242d Richtung Klausen, rechts Richtung Bahnhof auf Griesstraße, dann links in Seebeggstraße, von hier Fußweg | **Tipp** Der »Dürerweg« oberhalb von Klausen führt auf einer Länge von 35 Kilometern durch Weinberge und Kastanienwälder bis zu den Erdpyramiden von Segonzano.

57_Das Gasthaus zur Rose

Ein alter Traum

In seiner würdevollen Schlichtheit, die seit vier Jahrhunderten im Wesentlichen unverändert blieb, wirkt er wie der sakrale Speiseraum fundamentaler Feinschmecker. Er ist, sieht man einmal von den wenigen Bockgeweihen an den Wänden ab, frei von allen anekdotischen Dekorationen, die oft genug in den der bäuerlichen Welt nachempfundenen seelischen Aufwärmstuben für ästhetische Verwirrung und falsche Gefühle sorgen.

Früher und in den vielen Jahrzehnten bevor das Gasthaus durch den Koch Arno Baldo zu einem der verlässlichsten Südtiroler Restaurants hochgekocht wurde, verkehrten hier ausnahmslos Bauern und Fuhrleute, die vermutlich nicht viel Aufhebens um das machten, was sie aßen und tranken.

Der Gasthof soll während ihres Kampfes gegen die napoleonischen Truppen auch einmal Hauptquartier der Tiroler Schützen gewesen sein. Wer heutzutage in der Unübersichtlichkeit folkloristischer Kulissen Authentizität sucht (durch den modernen Aufgang und den vorgelagerten Schankraum sollte man sich nicht irritieren lassen), wird diesen Speiseraum eventuell für den schönsten in ganz Tirol halten. Nebenan gibt es sogar einen noch älteren, der den Pilgern des restaurativen Geschmacks mindestens so viel Respekt abfordern dürfte. Dieser Ur-Raum der ehemaligen Poststation bleibt aber Gesellschaften vorbehalten und sollte bei Bedarf rechtzeitig reserviert werden.

Man kommt nicht nur zum Schauen. Man möchte auch essen. Die Küche gibt sich schlicht und unbeirrbar wie der Speiseraum und ist dennoch raffiniert und bis in die Messerspitze ausgeklügelt. Diese allgegenwärtige Ambition, mit beiden Beinen fest auf dem Küchenboden zu bleiben, aber doch alles auszuprobieren, was die moderne Küchenentwicklung der letzten Jahre ermöglicht hat, zeigt sich in den ausgezeichneten Vorspeisen ebenso wie in den vielschichtigen Hauptgerichten und den feinen Desserts.

Adresse Endergasse 2, 39040 Kurtatsch | **ÖPNV** Bus 122, Haltestelle Kurtatsch Zentrum | **Anfahrt** A 22, Ausfahrt Neumarkt / Auer / Tramin, rechts auf SP 16 bis Abzweig SP 19 nach Kurtatsch, rechts abbiegen in Kirchgasse, dann links in Endergasse | **Öffnungszeiten** Di – Sa 12 – 14 und 19 – 21.30 Uhr, Sept. / Okt. auch Mo 19 – 21.30 Uhr | **Tipp** In Margreid liegt das renommierte Weingut Alois Lageder; in der Weinschenke Paradeis (St.-Gertraud-Platz 10) können sämtliche Weine probiert und gekauft werden.

58 Das Kopfsteinpflaster

»Weißes Gold«

Was haben das Walther-Denkmal in Bozen (siehe Seite 52), die Mozart-Statue im Wiener Burggarten, das Düsseldorfer Kriegerdenkmal, das Moltke-Denkmal in Berlin, das Victoria-Memorial vor dem Buckingham-Palast in London und das Heinrich-Heine-Denkmal in der New Yorker Bronx gemeinsam? Sie alle sind aus dem gleichen Material wie das Kopfsteinpflaster von Laas.

Wo andernorts Granit oder Beton für den Straßen- und Wegebau verwendet wurden, leistete man sich hier, in der kleinen Vinschgauer Gemeinde, einen viel teureren und selteneren Belag: Laaser Marmor.

Schon am Dorfrand trifft man auf mächtige weiße Blöcke, die etwas weiter südlich aus dem Berg geholt wurden. Man vermutet an der Nordostflanke der Ortler-Alpen ein Marmorvorkommen von rund 500 Millionen Kubikmeter. Ursprünglich war man wohl über das Geröll in den Bachläufen auf den Marmor gestoßen und den Spuren des »weißen Goldes« auf über 2.200 Metern gefolgt.

Wie ein antiker Meilenstein an der Via Claudia Augusta beweist, haben schon die Römer den Marmor aus Laas gekannt. Im Mittelalter wurden mit dem weißen Stein Portale eingefasst, Altäre und Grabsteine geschaffen, in der Renaissance Schlösser ausgestaltet. Vor allem die Habsburger liebten den »Tiroler Marmor« an den Prunkfassaden der Wiener Ringstraße.

Im Gegensatz zu anderen Marmorarten ist der Vinschgauer Marmor frostfest und tausalzbeständig und gilt aufgrund seiner kristallinen Struktur als der widerstandsfähigste weiße Kalkstein der Welt. Laaser Marmor ist deutlich härter als Carrara-Marmor, er ist auch druckfester und rissärmer. Diese Eigenschaften machen ihn nicht nur zu einem begehrten Ausgangsmaterial für Steinbildhauer und Dorfpflasterer, sondern auch für Architekten wie Santiago Calatrava: Er will die neue U-Bahn-Station am Ground Zero mit Laaser Marmor ausstatten. Der Auftrag ist 20 Millionen Dollar wert.

Adresse Hauptplatz, 39023 Laas | **ÖPVN** mit dem Zug Meran–Mals, Haltestelle Laas, Bus 252, Haltestelle Laas | **Anfahrt** SS 38 von Meran Richtung Reschen, Ausfahrt Laas, über die Vinschgaustraße zum Hauptplatz | **Tipp** Das Gasthaus Krone am Hauptplatz ist mit viel Gespür renoviert worden, es ist schlicht und gemütlich und bietet neben gutem Essen immer wieder auch ein überraschendes Kulturprogramm.

59 Die Krone

Doppelt hält besser

Die »Krone« gibt es seit 1570. In diesem Jahr stärkten die Habsburger ihre Macht durch eine Doppelhochzeit, die einer schwungvollen Großoffensive auf die europäischen Throne glich: Erzherzogin Anna ehelichte ihren dreifach verwitweten Onkel, den spanischen König Philipp II., und Erzherzogin Elisabeth heiratete den französischen König Karl IX. Stellvertretend für den Bräutigam stand vor dem Altar in Speyer Ferdinand II. von Tirol, auch ein Onkel, der aber bereits heimlich verheiratet war mit der bürgerlichen Schönheit Philippine Welser. In Paris, wo anschließend nochmals getraut wurde, war dann der richtige Mann zur Stelle, der schon als Zehnjähriger den Thron bestiegen hatte. Die beiden Kronen als Gasthausschild in Lajen erinnern bis heute an diesen machtpolitischen Geniestreich des Brautvaters Kaiser Maximilian II.

Nach annähernd 450 Jahren, in denen die Töpfe der »Krone« auf dem Feuer stehen, darf man keine kulinarisch komplizierten Hochseilakte erwarten. Die Küche ist, was sie vermutlich immer schon war, ganz bodenständig und grundsolide ausgerichtet, mit einigen kleineren Zugeständnissen an zeitgemäße und aus dem Süden hereingewehte Essgewohnheiten: Es gibt auch Pizza und Pasta! Aber eher für die deutschen Touristen, die es in Italien eben italienisch mögen. Die Uritaliener bevorzugen die eigentlichen Küchenstärken, die zweifellos im Urtirolerischen liegen, in den Schlutzern und Topfennocken, im Surfleisch mit Kraut und in den kräftigen Bauernsuppen, die früher durch ein bewegtes Arbeitsleben halfen.

Man sitzt hier so gemütlich wie im Südtiroler Bilderbuch, mit dem klassischen Ofen, mit viel altem Holz an den vertäfelten Wänden und ein paar Jagdtrophäen, die wie immer an die Treffsicherheit der Tiroler Schützen gemahnen. Und da die Portionen groß sind und der Flaschenwein preiswert ist, enden die kurzweiligen Abende erst um Mitternacht.

Adresse Dorfplatz 13, 39040 Lajen | **ÖPNV** Bus 350, Haltestelle Lajen | **Anfahrt** A 22, Ausfahrt Klausen / Gröden Richtung Gröden, auf SS 242d bis St. Peter, dann links auf SP 139 bis Lajen-Ortsmitte | **Öffnungszeiten** Mo–So 12–15 und 18–23 Uhr, Do geschlossen | **Tipp** In Lajen-Ried befindet sich mit dem Innervogelweiderhof einer der möglichen Herkunftsorte des mittelalterlichen Dichters und Minnesängers Walther von der Vogelweide.

60_Die Kastanie

Vom Pferd gefallen

Auf 600 Jahre wird sie geschätzt, wodurch sie zu den ältesten europäischen Bäumen zählt und ungefähr so alt sein dürfte wie der spätgotische Ansitz Lusenegg, der direkt neben ihr steht. Deren erste Besitzer, die Herren von Preu, sind bereits 1544 ausgestorben, und schon damals könnte dieser gut gewachsene »Keschtnbam« weit über deren Köpfe hinausgeragt haben.

Alte, allein stehende Bäume haben immer diese überwältigende Wirkung auf Menschen: Ganz im Gegensatz zu alten Menschen, die meist auch allein stehen. Man möchte sie umfassen, als könnte man damit gleichermaßen das Geheimnis ihres hohen Alters ergründen, diese zeitweilige Unsterblichkeit. Aber allein der Umfang dieser Kastanie, der nach unterschiedlichen Angaben zwischen neun und elf Metern schwankt, verhindert dies. Man könnte sich also allenfalls an ihrer Rinde reiben und dicht am Baum hoffen, dass die alten Lebenssaftströme, die durch ihn hindurchfließen, auch irgendwie auf einen selbst übergehen. Früher war das mal möglich. Heute hält die Baumliebhaber ein Zaun auf Distanz, zum Schutz der Anwohner und der Kastanie, und für den Fall, dass jemand den niedrigen Zaun doch überklettern sollte, warnt ein dezentes Schild vor dem Hund, der hier irgendwo lauert.

Edelkastanien sind die Kulturbäume Südtirols. Ihre Früchte fielen, so wird vermutet, den hunnischen Reitern im 4. Jahrhundert aus den Satteltaschen, als sie über die Hänge des Eisacktals stürmten. Seitdem gehören Kastanien zum Törggelen, der traditionellen Verkostung des jungen Weines im Herbst, wie der Spinat in die Schlutzkrapfen. Früher gab es zur Versorgung der Talbewohner ausgedehnte Wälder. Ihre Restbestände können noch heute durch die gut markierten »Keschtnwege« erwandert werden. Und die letzten Solitäre, die allein neben Höfen und Ansitzen stehen, sind weit sichtbare Wegmarken, die auch weinselige Wanderer nicht verpassen können.

Adresse Ansitz Lusenegg, 39040 Lajen | **ÖPNV** Bus 350, Haltestelle Lajen, Fußweg | **Anfahrt** A 22, Ausfahrt Klausen/Gröden Richtung Gröden, auf SS 242d bis zum Abzweig nach Albions | **Tipp** Das ehemalige Jagdschloss Ansitz Fonteklaus unweit von Albions ist heute Gasthof mit gemütlichen Stuben und Südtiroler Küche.

61 Das Obstbaumuseum

Agrargeschichten

Der Apfel stammt – man kann es kaum glauben, wenn man den Blick über die Etschtaler Apfelplantagen schweifen lässt – nicht aus Südtirol, sondern aus Kasachstan, dessen ehemalige Hauptstadt Alma-Ata, Stadt des Apfels, hieß. Gut zehn Prozent der gesamteuropäischen Ernte werden jedoch in Südtirol gepflückt; dass die Edelobstproduktion in weiten Teilen des Landes eine tragende Rolle spielt, davon zeugen die vielen Kirchen, die dem heiligen Jakob, dem Schutzpatron des Apfels, geweiht sind.

Das Lanaer Obstbaumuseum im mittelalterlichen Ansitz Larchgut verfügt über 16 Schauräume, in denen Dokumente, Gegenstände und Schautafeln einen Einblick in die Geschichte des Obstbaus vom Mittelalter bis in die Gegenwart vermitteln. Man lernt frühe Apfelsorten ebenso kennen wie alte und wenig umweltfreundliche Methoden der Schädlingstilgung. So bekämpfte man einst mit Öfen und finnischen Rauchpatronen den Frost und versuchte, mit Böllern und Hagelraketen die Unwetter abzuwehren. Und bevor die Großkisten aus Plastik zum Einsatz kamen, legte man die Früchte noch aus den »Tschaggln« (Pflückschürzen) in 50 Kilogramm fassende »Bugglkörbe«, die von kräftigen Trägern in die Scheunen geschleppt werden mussten …

Die Gemeinde Lana erzeugt heute auf mehr als 1.400 Hektar einen von 100 europäischen Äpfeln. Sieht man sich um, sind von den einst prächtigen, hohen Apfelbäumen nicht mehr viele zu sehen. Dicht nebeneinander ducken sich die ertragreicheren, zurechtgestutzten Bäumchen unter Hagelnetzen. Europäische Normäpfel sind makellos, rot, glänzend und meist geschmacksarm. Da wünscht man sich Norbert C. Kasers literarische Figur »herrn Cozzi« herbei, der alle Äpfel liebt: »die kleinen angefaulten angestochenen wurmigen die gefallenen die prallen gelben gefleckten gestreiften gesprenkelten gedoerrten prallen roten vollmondigen die grasgruenen braunen. einen stiel muessen sie haben. genuegt ihm.«

Adresse Ansitz Larchgut, Brandiswaalweg 4, 39011 Lana | ÖPVN Bus 211, Haltestelle Pfarrkirche Niederlana | Anfahrt MeBo SS 38, Ausfahrt Lana, die SP 69 Richtung Lana nehmen, nach 1,9 Kilometern links in die Zollstraße abbiegen, nach 700 Metern links in die Schnatterpeckstraße, nach der Pfarrkirche rechts abbiegen | Öffnungszeiten Mitte März–Anfang Nov. Mo–Fr 10–17 Uhr, Sa 13–17 Uhr (April, Mai, Sept. und Okt.) | Tipp Von hier sind es nur wenige Schritte zum Brandiswaalweg, der durch Kastanienhaine und Obstanlagen südwärts zu einem Wasserfall oder nach Oberlana führt.

62 Die Sintigräber

Lebende Tote

Stirbt einer von ihnen, verbrennen die Sinti all seinen Besitz; sie behalten nur einen einzigen Gegenstand, zum Beispiel ein Glas oder ein Messer, an dem viele Erinnerungen hängen. Außerdem verzichten sie ein Jahr lang auf die Lieblingsspeise des Verstorbenen und erweisen ihm so Respekt. Für gewöhnlich halten sich die Sinti in der Nähe ihrer Verstorbenen auf; da sie aber oftmals von ihren provisorischen Lagerplätzen vertrieben werden oder in abgelegenen Gewerbezonen und an Ausfallstraßen angesiedelt sind, ist der tägliche Besuch der Grabstätten nicht immer möglich. Kommen sie dann doch auf den Friedhof, wird aus der letzten Ruhestätte ein Ort des bunten Treibens; sie küssen die Bilder ihrer Vorfahren, sprechen laut und musizieren.

Die Sinti verehren und schätzen ihre Ahnen. Niemals würden sie ihre Gräber mittags besuchen, denn man stört die Toten nicht beim Essen. Dass diese nicht nur essen, sondern auch rauchen, davon zeugen angezündete Zigaretten, die zwischen den Blumen und Kerzen verglimmen. Auch im Jenseits, sind die Sinti überzeugt, wird gelebt. Und weil umgekehrt die Toten dort sind, wo die Lebenden weilen, wird auch auf dem Lagerplatz der erste Schluck für die Verstorbenen auf den Boden geschüttet.

Auf dem Lanaer Friedhof gibt es gleich mehrere Sintigräber. Die Gabriellis hießen ursprünglich Adelsburg, legten den Namen aber aus Angst vor Verfolgungen durch die Nazis eine Zeit lang ab. Die aus Österreich stammende Familie Adelsburg gehörte nicht zuletzt wegen ihrer musikalischen Talente zu den bekanntesten Sintifamilien in Südtirol. Stefano Gabrielli, dessen Marmorgrab eine Geige ziert, ist 1978 in einem äußerst kostspieligen, mit Schnitzereien verzierten Sarg beerdigt worden, auf dem man »Das Abendmahl« Leonardo Da Vincis bewundern konnte. Das Begräbnis – ein Totenmahl? Glaubt man den Sinti, wird er auch im Jenseits zu Tisch gerufen.

Adresse Friedhof der Pfarrkirche Maria Himmelfahrt, Schnatterpeckstraße, 39011 Lana | **ÖPVN** Bus 211, Haltestelle Pfarrkirche Niederlana | **Anfahrt** MeBo SS 38, Ausfahrt Lana, die SP 69 Richtung Lana nehmen, nach 1,9 Kilometern links in die Zollstraße abbiegen, nach 700 Metern links in die Schnatterpeckstraße bis zur Pfarrkirche | **Tipp** In der gotischen Pfarrkirche in Niederlana steht einer der schönsten und größten Flügelaltäre des Alpenraums von Hans Schnatterpeck.

63 Die »Stroossnkuch«

Am Kulturwürstlstand

Ein nicht sehr attraktiver Parkplatz, eine Imbissbude in der Ecke, ein paar Bänke davor, bunte Reklameschirme und ein Blumenkübel aus Beton. Aus einem tiefgelegten Audi sabbert Technomucke. Dorfrandcharme, der bei Regen fast cineastisch wirkt.

Die Stimmung ist dennoch gehoben, manchmal sogar leicht euphorisch, und das liegt an dem, was in den Pappschalen ist. Die Pommes sind handgeschnitzt aus echten Kartoffeln und auf den Wimpernschlag exakt in frischem Öl gegart. Für Neo-Feinesser, die im schnellen Imbiss auch die stimulierenden Slow-Food-Möglichkeiten schätzen, gibt es zu den Edelpommes eine an Zartheit kaum zu überbietende Kalbsbratwurst. Die wird man ganz besonders dann schätzen, wenn man sich vom Pommes-rot-weiß-Geschmack der Bahnhofsvorhallen und Fußballstadien verabschiedet hat.

Und das ist die Ambition von Günther Pitscheider und seinem Kompagnon Franz Hofer. Es geht eben nicht nur um die Wurst, wenn auch um die zuerst, sondern vor allem um Esskultur. Pitscheider ist einer der bekanntesten und eigenwilligsten Free Jazzer Südtirols. Die Lust, gegen die Gewohnheiten anzuspielen und – in diesem Fall – gegen sie anzukochen, nimmt also ihre Motivation aus einem anderen Genre. Aus dem Bauch heraus improvisieren die Köche aus den aktuellen Marktangeboten täglich ein besonderes Pommesbudenangebot, das man sich auch recht gut in ambitionierten Restaurants vorstellen könnte. Ohne Tradition geht es natürlich nirgendwo, und so gibt es auch bei den Straßenköchen ganz klassische Frankfurter und Currywürste.

Aber Esskultur ist eben Grundlage für jede Lebenskultur, und der Traum der Freebrater von Mals ist es, um ihren Stand so viel Kultur und Kunstinteressierte wie möglich zu versammeln: Deshalb gibt es an ausgesuchten Tagen Musik und Poesie zur Wurst, Events und Aktionen vor der Pommesbude, die dann zum unorthodoxen Kulturvermittler wird.

Adresse Marktgasse / Sprengelparkplatz, 39024 Mals | **ÖPNV** Citybus 274, Haltestelle Mals-Bahnhof | **Anfahrt** ab Meran auf SS 38 und SS 40 oder Reschenpass auf SS 40 bis Mals, Richtung Zentrum über Dr.-Heinrich-Flora-Straße, dann abbiegen in Marktgasse | **Öffnungszeiten** Di–Sa 9–17 Uhr | **Tipp** Im Bauernladen Pobitzer an der Hauptstraße in Mals gibt es ausgewählte Produkte von Vinschgauer Bauernhöfen zu kaufen.

64 Die Fürstenburg

Gotische Stuben

In den siebziger Jahren verkauften Bauern ihre wertvollen Stuben an Hoteliers und Villenbesitzer, die sie in ihre Neubauten integrierten und so zweckentfremdeten. Die Bauernstube war der wichtigste Wohnraum, Inbegriff der Heimeligkeit: Darin empfing man Besucher, zog sich im Winter zum Arbeiten zurück und pflegte die Kranken, weil es der einzige beheizbare Ort im Haus war. An frostigen Tagen teilte man ihn gelegentlich mit den Hühnern.

Ursprünglich waren es jedoch die Adeligen und Geistlichen, die sich Stuben einrichten ließen; zu den schönsten gotischen Stuben in Südtirol, die noch erhalten sind, gehören jene der Fürstenburg. Sie sind jede für sich etwas Besonderes – ob es sich nun um die ehemalige Schreibstube des Schlosshauptmannes, die Paullen-Stuben und die Bischof-Beaten-Stuben im Nordtrakt oder die spätere Raschèr-Stube im Südtrakt handelt. In der einen finden sich vorzügliche Flachschnitzereien mit aufwendigen Blattfriesen, in der anderen ist die Zirbelholzvertäfelung mit Nussholzeinlagen versehen. Einzigartig ist die Kassettendecke in der Raschèr-Stube, deren Füllungen mit bemaltem Leder bespannt sind.

Die Fürstenburg mit einem der höchsten Wehrtürme Südtirols würde sich als Miniaturausgabe bestens für eine Spielzeugritterburg eignen. Im 13. Jahrhundert erbaut, hat sie eine abwechslungsreiche und von verschiedenen Machtinteressen beeinflusste Geschichte hinter sich: Einst für mehr als 500 Jahre im Besitz der Fürstbischöfe von Chur, zwischenzeitlich von Tiroler Seite belagert und erstürmt, fiel die Burg 1803 an die österreichische Monarchie, um dann – 80 Jahre später – wieder in den Besitz des Stiftes Marienberg überzugehen.

Die ehemalige Wohn- und Fluchtstätte der Churer Bischöfe war später kaiserlich-königliches Rentamt, Armenhaus, Kaserne, Pulvermagazin und Bierbrauerei. Heute ist in ihr eine moderne Fachschule für Land- und Forstwirtschaft untergebracht.

Adresse Burgeis 7, 39024 Mals | **ÖPNV** Bus 273 oder 274, Haltestelle Burgeis | **Anfahrt** vom Reschenpass kommend, weiter auf der SS 40, dann auf der SS 38, vor Mals rechts nach Burgeis abzweigen | **Öffnungszeiten** Sekretariat Schule Mo–Fr 7.30–17 Uhr, Führungen nach Vereinbarung unter Tel. 0039/0473/836500 | **Tipp** Oberhalb der Burg liegt das imposante Benediktinerkloster Marienberg; vor allem die romanischen Wandmalereien in der Krypta gehören zu den schönsten Südtirols.

65_Die Kornkammer

Widerstandsfähig

Damit sich nicht nur niedrige Apfelbaumreihen durch das Tal ziehen, hat man im Obervinschgau 2010 die Interessengemeinschaft »Kornkammer« gegründet, die sich für den Wiederanbau von Getreide stark macht. Man achtet auf die Ressourcen der Landschaft, bezieht den regionalen Kreislauf ein und stellt sich schon mal mit den eigenen Bedürfnissen hinter das Gemeinwohl – denn nur so ist nachhaltige Landwirtschaft möglich.

Roggen beispielsweise gedeiht in dieser regenarmen, windigen Gegend besonders gut. Das anspruchslose und widerstandsfähige Korn kam bereits 800 vor Christus als Unkraut nach Südtirol. Das weiße Weizenmehl war einst das sogenannte Sonntagsmehl, das Mehl der »Herrischen«, der Städter, aber auch der Kranken, das dunkle Roggenmehl hingegen blieb immer das Bauernmehl. Es eignete sich für länger haltbares Brot, weshalb es von den Bergbewohnern, die nur zwei- oder dreimal im Jahr die Backöfen einheizten, weil die Arbeit zu kraft- und zeitraubend war, bevorzugt wurde. Es sind zwei kleine zusammengefügte Laibe, die heute noch das typische »Vinschger Paarl« ergeben, ein aus 70 Prozent Roggenmehl und beigefügtem Dinkel- und Weizenvollkornmehl gebackenes Brot, dem Fenchel, Brotklee und Kümmel einen würzigen Geschmack verleihen.

Die »Kornkammer« Vinschgau ist mittlerweile von 20 auf 60 Hektar angewachsen und versorgt regionale Bäcker, Brennereien und Reformhäuser mit wertvollem Biogetreide. Ihren Sitz hat die »Kornkammer« am höchstgelegenen noch bewohnten Adelsansitz der Alpen (1.720 Meter), im Kulturgasthaus Plawenn, in dem der Kulturwirt und Regionalentwickler Konrad Messner immer neue Initiativen zur Verbesserung der Lage ersinnt. Man sollte ganz schnell umdenken und wieder mehr auf die Eigenkräfte der Natur bauen, ist nicht nur er überzeugt. Plawenn und die »Kornkammer« stehen für Umdenken, Weiterbildung, für wiedergewonnene Lebensqualität – für Zukunft.

Adresse Plawenn 1, 39024 Mals | **Anfahrt** vom Reschenpass kommend, weiter auf der SS 40, dann auf der SS 38, vor Mals links nach Plawenn abzweigen | **Öffnungszeiten** auf Anfrage unter Tel. 0039/335/220789 (Konrad Messner); das Kulturgasthaus Plawenn ist nur für Mitglieder, jeder kann aber gegen einen Kleinstbetrag die Mitgliedschaft erwerben | **Tipp** Der Bäcker Günter Angerer in St. Valentin auf der Heide ist eines der inzwischen 38 Mitglieder der »Kornkammer« Obervinschgau. In seiner Backstube gibt es köstliche Biobrotsorten wie das Vinschgerl.

66_Der Gold'ne Adler

Vinschgauer Küchensession

Vermutlich liegt es am Wetter, am trockenen Boden, am harten Brot und auch an den dunklen Wintergeschichten von Kälte und Armut: Der Obervinschgau ist bis heute seinen kulinarischen Schatten nicht losgeworden, der noch aus der finsteren Zeit stammt, als man hier oben, im Gegensatz zum üppigen Süden, statt delikater Goldäpfel und Tafeltrauben nur harte Vinschgerln, das typische Brot der Gegend, kaute.

Wer Lust an aktuellen Gegenpositionen hat, sollte unbedingt im Gold'nen Adler essen. Zunächst und auf den ersten Blick unterscheidet sich der »Adler« nur wenig von anderen Gasthäusern, deren Geschichte weit über die Jahrzehnte zurückreicht – gediegene Gaststuben, viel Holz und knarrende Gemütlichkeit, ein schöner Ofen und ein fotogener Herrgottswinkel. In den letzten Jahren wurde vor allem im Schankraum einiges neu gedrechselt und auf Hochglanz poliert. Ganz klassisch und den allgemeinen Erwartungen entsprechend gibt es selbstverständlich Knödel, ohne die in Tirol bekanntlich niemand vom Tisch geschickt wird. Aber bereits hier zeigt sich ein starkes Wetterleuchten am Himmel der Südtiroler Knödelherrlichkeit: Denn sie werden mit würzigem und schonend gereiftem Almkäse hergestellt, einer echten Handarbeit, die einen selbstsicheren Küchenrückgriff auf die Tradition der Bergbauern darstellt.

Dass hier alles zwar mit rechten, aber eben doch fein austarierten Dingen zugeht, zeigt eine gebackene Praline vom »Burgeiser Käse« (Burgeis liegt gleich ums Eck, nördlich von Schleis) und buntem Wokgemüse, teilasiatisch und durchaus trendig, salzarm, bissfest und schön bunt. Eine der überraschendsten kulinarischen Reminiszenzen an das karge Land ist ein »Risottino von der Gerste mit getrockneten Wiesenblumen«. Auch die Buttermilch zur gleichnamigen Creme kommt aus der Region. Die Ananas zum dazu passenden Carpaccio wird allerdings vorerst noch, vor dem erwarteten Klimawandel, eingeflogen.

Adresse Schleis 46, 39024 Mals | **ÖPNV** Citybus 274, Haltestelle Mals-Bahnhof | **Anfahrt** ab Meran auf SS 38 und SS 40 oder Reschenpass auf SS 40 bis Mals, Abzweig nach Schleis | **Öffnungszeiten** Mo–Mi und Fr–So 12–14.30 und 18–23 Uhr, Do geschlossen | **Tipp** Die Hofkäserei Englhorn in Schleis arbeitet konsequent biologisch und stellt drei Sorten Rohmilchkäse sowie Rohmilchbutter her (Verkauf Mo–Sa 8–12 Uhr).

67__Der Fennberger See

Hoch im Süden

Berge ringsum unter einem knallblauen Himmel und eine einsam stehende Kirche, erhöht und wie befestigt, die geradewegs mit ihrer Kirchturmspitze die Wolken zu berühren scheint; ein uraltes Gasthaus, das Widum dahinter, ein paar Häuser locker gruppiert unter gigantischen Kastanienbäumen; davor ein Bergsee, der alles spiegelt und diesen unvergleichlichen Himmel hinunter auf das Wasser holt.

Kein Mensch im Mittagslicht; man hat das Hochplateau und die Bilder für sich. Und schwimmen darf man, obwohl alles unter Schutz steht, auch noch. Natürlich muss man sich früh auf den Weg machen, denn der Fennberger See ist längst kein Geheimtipp mehr. Früher kannten ihn nur die Leute aus Margreid und Kurtatsch als Sommerfrische, wenn unten im Tal die Luft stand. Von Kurtatsch aus fährt man über eine kehrenreiche Straße bergauf durch lichte Wälder in diese schöne Einsamkeit und überwindet dabei gut 700 Höhenmeter. Seit den 1970er Jahren, als ein lauer Späthippiewind durch die Täler zog, sind es die nicht bedingungslos am Mainstream Interessierten, die mit ihren Vespas hinauffahren, um am See ihre eigene sommerfrische Gegenwelt zu entwerfen.

Der See steht heute unter Naturschutz. Das gesamte Biotop umfasst etwa zehn Hektar, in denen allein 35 verschiedene Orchideenarten bestimmt wurden. Dieser Reichtum an seltenen Pflanzen erklärt auch die Liebhaber floraler Raritäten, die gelegentlich mit Bestimmungsbuch und Fadenzähler im Laub und Schilf hocken. Wer aber weniger Interesse an Lurchen und Lichtnelken hat und dem anstehenden Ansturm zunehmender Badegäste ausweichen möchte, findet im Gasthaus »Zur Kirche«, auf der anderen Seite der Straße, einen weiteren idealen Ort. Hier wird das kleine Kücheneinmaleins, das Wanderer so schätzen, gekocht. Und wer zu viel Seewasser über den Durst getrunken haben sollte, kann hier oben auch preiswert übernachten.

Adresse Unterfennberg, 39040 Margreid | **ÖPNV** Bus 125, Haltestelle Margreid, Fußweg, Mitte Juni–Ende Aug. auch Haltestelle Fennberg | **Anfahrt** A 22, Ausfahrt Neumarkt/Auer, auf S 12 Richtung Neumarkt, vor St. Florian rechts | **Tipp** Der Santlhof in Kurtatsch, Hofstatt 7, existiert seit dem 16. Jahrhundert und wird heute als Buschenschank mit Produkten aus eigenem Anbau oder eigener Herstellung geführt.

68 Das Hotel Paradiso

Fremdkörper

Einst gab es hier Kellner, die beim Schälen der Orangen weiße Handschuhe trugen, und die Zimmerpreise waren so hoch, dass es sich nur die faschistischen Parteibonzen leisten konnten, in dem abgeschiedenen, mit einem modernen Pultdach versehenen Berghotel Urlaub zu machen. Es war ein idealer Ort der Ruhe. Gäste berichteten von handzahmen Steinböcken, die sich der Hotelterrasse näherten, um das ausgelegte Salz zu lecken.

Entworfen wurde das 2.160 Meter hoch gelegene Haus von Gio Ponti, einem italienischen Architekten und Designer, der später das Pirelli-Hochhaus in Mailand bauen sollte. Ponti hat jedes einzelne Gästezimmer individuell gestaltet, Vorhänge und Bettwäsche waren auf die Wand- und Deckenfarben abgestimmt. Das Hotel besaß einen weitläufigen Salon mit Kamin, eine Taverne, einen Lesesaal und eine Sauna. Außerdem sorgten Masseure, Friseure und Skilehrer für das Wohlbefinden der Gäste. Die ärmliche Landbevölkerung, die sich ursprünglich gegen den Bau gestellt hatte, weil durch ihn wichtiger Weidegrund verloren ging, schleppte die Rucksäcke und Schrankkoffer der reichen Urlauber und verdiente sich ein Zubrot durch den Verkauf von Naturalien.

Nachdem die Faschisten im Herbst 1943 kapituliert hatten, wurde das Hotel, zehn Jahre nach Baubeginn, von den Deutschen besetzt; es diente der SS als Erholungsort für Soldaten. Als der Krieg vorbei war, wurde der Betrieb kurzzeitig wieder aufgenommen, 1946 für immer eingestellt. In den fünfziger Jahren war das Hotel im Besitz eines venezianischen Reeders, der das einst grüne Gebäude in Rosso Veneziano streichen ließ. Seit Mitte der sechziger Jahre gehörte die Ruine dem Inhaber der Brauerei Forst. Zu einer Neueröffnung sollte es nie mehr kommen, obwohl der Blick auf die Zufallspitzen und den Cevedale von besonderer Schönheit ist. Wer das Tal einmal besucht hat, erzählt die Witwe des Eigentümers, wird martellkrank.

Adresse Hintermartell, hinter dem Gasthaus Schönblick, 39020 Martell | ÖPNV Bus 262, Haltstelle Martell Dorf | Anfahrt vom Reschenpass kommend, weiter auf der SS 40, dann auf der SS 38, bei Goldrain/Latsch rechts nach Martell abbiegen, der Straße bis zum Talschluss folgen | Tipp Von der Hotelruine aus gelangt man über die Wegmarkierung Nummer 12 zu einer alten Steinmauer, und von dort geht es kurz bergauf zur Zufallhütte (2.265 Meter). Von hier aus hat man einen großartigen Blick auf die Gletscher des Stilfserjoch-Nationalparks.

69_Der jüdische Friedhof

Gründerväter

Dass Meran sich um 1900 zu einem weltbekannten Kurort entwickeln konnte, verdankt die Stadt vor allem ihren damaligen jüdischen Bewohnern: Sie eröffneten Sanatorien, gründeten Privatbanken und Kindergärten, sorgten für die Trockenlegung von Grundstücken entlang der Etsch und bauten die Infrastruktur aus. Obwohl sie Großartiges für die Südtiroler Gesellschaft und den Fremdenverkehr geleistet hatten, wurden viele von ihnen nach dem Einmarsch der Deutschen in Italien von den eigenen Mitbürgern ausgeraubt und in Konzentrationslager deportiert.

Die Zeiten, in denen das Kurorchester an jüdischen Feiertagen auf der Meraner Promenade hebräische Musik spielte und berühmte jüdische Schriftsteller wie Franz Kafka, Arthur Schnitzler und Stefan Zweig ihren Kuraufenthalt oder Urlaub in Meran verbrachten, sind lang vorbei.

Die einschneidenden historischen Ereignisse haben nicht nur den Tourismus verändert. Von jenen Mitgliedern der jüdischen Gemeinde, welche den Holocaust überlebt hatten, kehrten nach dem Krieg nur wenige in die Kurstadt zurück. So kann man nur an den Namen auf den Grabsteinen erahnen, dass die Kurstadt einmal Treffpunkt und Heimat bedeutender jüdischer Persönlichkeiten war. Daniel und Jakob Biedermann betrieben bis 1870 das einzige Bank- und Wechselgeschäft der Stadt; Alfred Lustig, Max Bermann und Rafael Josef Hausmann waren angesehene Ärzte; Moritz Lazarus hatte sich auf dem Gebiet der Völkerpsychologie einen Namen gemacht, seine Frau Nahida Ruth als Verfasserin des Buches »Das jüdische Weib« und als Begründerin des Meraner Tierschutzvereins. Der russisch-hebräische Romancier und Publizist Peretz Smolenskin ist zwar 1885 in Meran verstorben, doch es erinnert nur noch ein Schild an den bekannten Wegbereiter des Zionismus.

Sein Leichnam wurde nach der Gründung des Staates Israel ins Heilige Land überführt und erhielt dort ein Staatsbegräbnis.

Adresse St.-Josef-Straße, hinter dem Meraner Bahnhof, 39012 Meran | **ÖPNV** Bus 1, 146, Haltestelle Friedhof | **Anfahrt** MeBo SS 38, Ausfahrt Meran-Süd, rechts auf die SP 117, weiter auf der Romstraße, links auf die Petrarcastraße abbiegen, weiter auf der Rätienstraße, im Kreisverkehr 3. Ausfahrt nehmen | **Öffnungszeiten** Mo–Fr 8–19, Juni–Sept. 7–20, Nov.–Feb. 8–17 Uhr | **Tipp** Auch die Gräbernamen auf dem alten evangelischen Friedhof in der Marlinger Straße 17 sind Zeugnisse internationaler Stadtgeschichte. Hier liegen Deutsche, Niederländer, Russen, Ungarn und Briten; einige kamen Ende des 19. Jahrhunderts als Touristen nach Meran, manche blieben für immer.

70_Die Kunst Meran

Innenansichten der Gegenwart

Es ist natürlich eine Überraschung, dass ausgerechnet in den lärmigen Lauben, die täglich von Tausenden neugieriger Touristen durchlaufen werden, sich ein Ort befindet, der zwar nicht unbedingt zur Besinnung, aber doch zu Reflexion und Auseinandersetzung auffordert. Der Verein »Kunst Meran im Haus der Sparkasse« betreibt hier einen der interessantesten Orte für Gegenwartskunst in Südtirol. Die Ausstellungsmöglichkeiten sind durch die Räumlichkeiten des denkmalgeschützten Hauses vorbestimmt, da nur in relativ kleinen ehemaligen Wohn- und Werkstatträumen Bilder und Objekte gezeigt werden können.

Eine irritierende Erfahrung ist die dadurch bedingte Intimität, die zwischen Betrachter und Werk hergestellt wird. Das kann, muss aber nicht in jedem Fall angenehm sein. Schließlich wollen manche Künstler durchaus die Sichtweisen ihres Publikums durcheinander- und die Betrachter aus der Ruhe bringen. Man ist den Werken überraschend nah, fast wie in den eigenen vier Wänden, und findet kaum die aus großen Ausstellungshallen bekannte äußere und damit auch meist verbundene innere Distanz.

Eine weitere Überraschung in diesem Kunsthaus ist die Unbefangenheit, mit der die Kuratoren ihre Künstler auswählen. Sie präsentieren weltberühmte Namen wie Cindy Sherman oder Tony Cragg, aber auch die außerhalb von Südtirol etwas weniger bekannten Ulrich Egger oder Arnold M. Dall'O. Und es werden Arbeiten von Künstlerinnen und Künstlern gezeigt, die nur einem sehr kleinen Publikum bekannt sein dürften. Zenzi Glatt, einer alten, fast 100-jährigen Dame, die zunächst aus purer Freude malte, widerfuhr solche Anerkennung durch eine Einzelausstellung.

Da der Kunstverein dank seiner potenten Sponsoren mit genügend Geld ausgestattet ist, werden alle Ausstellungen von gut gearbeiteten Katalogen begleitet. Im Museumsshop gibt es Kunstwerke und Design in kleinen Auflagen zu kaufen.

Adresse Laubengasse 163, 39012 Meran | **ÖPNV** Bus 210.1, 210.2, 210.4, 210.7, 211, Haltestelle Theaterplatz | **Anfahrt** MeBo SS 38, Ausfahrt Meran-Süd, rechts auf SP 117, weiter auf Romstraße, links über Cavourstraße bis Theaterplatz, rechts über Rennweg bis Laubengasse (Fußgängerzone) | **Öffnungszeiten** Di–So 10–18 Uhr | **Tipp** Kunst am ungewöhnlichen Ort präsentiert »art drive in« unter den Meraner Thermen: Für die Ebenen der Tiefgarage schufen sieben bekannte Künstler wandfüllende Werke.

71 Die Offizin S.

Letter für Letter

In den Räumlichkeiten, in denen sich heute Siegfried Höllrigls Offizin S. befindet, waren einmal das elterliche Lebensmittelgeschäft und eine Schusterwerkstatt untergebracht. Einem Robert-Walser-Zitat zufolge dürfe man eigentlich nicht dort arbeiten, wo man geboren wurde, sagt Höllrigl. Er war vor mehr als 25 Jahren dennoch ins Steinach-Viertel zurückgekehrt, um seine eigene »Werkstatt für Literatur, Typographie und Graphik« einzurichten. Das Inventar – Setzkästen, Typen, fünf Druckerpressen beziehungsweise Druckmaschinen und eine Linotype – stamme von überall her, erzählt Höllrigl. Sein größter Stolz ist die sogenannte »Rigoberta«, eine Nussholz-Druckerpresse, die er hat nachbauen lassen. An der Restaurierung des Brixner Originals aus dem 16. Jahrhundert hat er sieben Jahre gearbeitet und jeden Schritt der Wiederherstellung dokumentiert.

Was die Werkstatt so einmalig macht, ist sein Betreiber, denn Höllrigl ist gelernter Maschinensetzer, Korrektor, Drucker, Herausgeber und Schriftsteller in einem. In der Offizin S. erscheint seit 2006 eine bibliophile Lyrikreihe mit beigefügter Originalgraphik. Die Gedichte sind von namhaften Dichtern wie Kurt Drawert, Klaus Merz, Friederike Mayröcker und anderen. Von langjährigen Freundschaften und regem Gedankenaustausch zeugen auch die vielen Ansichts- und Kunstkarten sowie die gerahmten Widmungstexte von Izet Sarajlić, Mary de Rachewiltz oder beispielsweise Sarah Kirsch, die in der Werkstatt hängen.

Höllrigl, der durch gelungene Aktionen zur Rettung des Bergmassivs Geislergruppe in den Dolomiten beigetragen hat, mischt sich mit selbst entworfenen Plakaten auch immer wieder in die Tagespolitik ein. Vor einigen Jahren hat er mit einem Fußmarsch von Basel nach Istanbul für Aufsehen gesorgt. »Was weiß der Reiter vom Gehen«, der Reisebericht mit eigenen Zeichnungen zu dieser über fünf Monate dauernden Wanderung, ist 2011 erschienen.

Adresse Valentin-Haller-Gasse 5, 39012 Meran | **ÖPNV** Bus 2, 2A, Haltestelle Freiheitsstraße oder Romstraße, 5 Minuten Fußweg ins Steinach-Viertel | **Anfahrt** MeBo SS 38, Abfahrt Meran-Süd, rechts auf die SP 117, weiter auf der Romstraße ins Zentrum, vor der Talferbrücke links Zufahrt zu Parkgaragen; die Offizin S. liegt in der oberen Altstadt (Steinach-Viertel) | **Öffnungszeiten** Anmeldung erbeten unter Tel. 0039/0473/212354 | **Tipp** Der Verein der Bücherwürmer mit Sitz in Lana bietet seit mehr als drei Jahrzehnten anspruchsvolle Literaturveranstaltungen.

72 Der Pferderennplatz

Da laufen sie!

Der Meraner Pferderennplatz ist die schönste und bestgelegene Jagdrennstrecke der Welt. Diese allgemein geteilte Einschätzung bestimmt auch im Südtiroler Koordinatensystem der Superlative seine Position. Umso erstaunlicher ist es, dass er sich gegenwärtig und schon seit einigen Jahren in einem etwas angekratzten Zustand befindet: Der Putz blättert von den Wänden, viele Wettschalter sind verstaubt und erblindet, und die einst elegante Bar versprüht heute den Charme eines verlassenen Waschsalons mit Getränkeautomat.

Der jährlich ausgetragene Große Preis von Meran ist dennoch bis heute eines der international wichtigsten Jagdrennen geblieben und war bereits 1935, als der Rennplatz eröffnet wurde, mit einer Million Lire Preisgeld das höchstdotierte Rennen seiner Zeit.

Dass er nie von den Südtirolern ins Herz geschlossen wurde, liegt wie bei so vielem, was auf nachhaltigen oder zumindest passiven Widerstand stößt, an einer ursprünglich politischen Demonstration: Der faschistische Diktator Benito Mussolini persönlich, der sogenannte »Duce«, hatte ihn 1935 eröffnet, und seitdem liegt ein brauner, unguter Schatten auf dem sonnenlichten Gelb der Anlage. Der kleine Mann hatte seinen theatralischen Diktatorenhintern mitten in Meran platziert und versucht, auch die Vergnügungen in Südtirol zu italienisieren. So wurde es empfunden. Dass nicht sein italienischer Favorit, sondern der französische Hengst »Roi du Trèfle« des jüdischen Besitzers Simon Guthmann gewann, soll zu einem öffentlichen Wutanfall des Duce geführt haben.

Geplant und gebaut wurde die Anlage von Paolo Vietti-Violi (1882–1965). Der Stararchitekt, der auf Sportarenen spezialisiert war und einen klaren, unaufgeregten Baustil favorisierte, hatte 1926 schon die Pferderennbahn in Rom entworfen und für internationale Auftraggeber in Addis Abeba, Istanbul und zuletzt in Lyon gearbeitet.

Adresse Gampenstraße, 39012 Meran | **ÖPNV** Bus 211, 212, Haltestelle Gampenstraße | **Anfahrt** MeBo SS 38, Ausfahrt Meran/Untermais, bei der 1. Kreuzung rechts in die Luis-Zuegg-Straße abbiegen, weiter auf der Gampenstraße | **Öffnungszeiten** Saison von Ende Mai–Anfang Okt., Renntage: jeden So im Juni, Juli, Aug. und Sept. | **Tipp** Die Trattoria Da Dante an der Rennbahn serviert in schlichtem Ambiente frisch und geradlinig zubereitete italienische Gerichte.

73 Der »Seibstock«

Der Geschmack vom Paradies

Seibstock steht in dem Ruf, unter vielen Guten der Beste zu sein. Er ist das kulinarische Geschmackszentrum Merans, ein Laden voller Düfte und Sinnlichkeiten, ein Ort für das Besondere, der Lust macht, sich dem hinzugeben, was man etwas altmodisch »Tafelfreuden« nennt und in dem das zu Alltägliche keinen Platz findet. Obwohl man sich gerade den Alltag genauso wünschen möchte – ausnahmslos raffiniert und feierlich schön, als ein ständiges Fest. Schließlich ist das Leben zu kurz, um mit schlechtem Essen seine Zeit zu vertun. Zweifellos ist Seibstock das Lieblingsgeschäft aller Feinschmecker und Hedonisten.

Seit 1903 existiert dieses ungewöhnliche Delikatessengeschäft, das in seinen frühen Tagen mit Kraut und Kohlen handelte. Gern wird noch heute in der Eigenwerbung auf diese schlichten Anfänge hingewiesen, denn sie zeigen, dass Seibstock nicht vom Himmel auf eine paradiesische Wiese fiel, auf der exotische Gewürze, extravagante Fondue-Saucen, der beste Tee und im Herbst makellose Pilze zu finden sind. In Seibstocks langer Entwicklung steckt viel Arbeit und ein feines Gespür für die besten kulinarischen Möglichkeiten.

Läden wie diesen gab es früher viele, aber nach 100 Jahren setzt er die Maßstäbe für die hochwertigsten Produkte. Nur mit diesen wird gehandelt. Alle sind handverlesen, von den Mitarbeitern persönlich vorgekostet und an den Orten ihrer Erzeugung auf Nachhaltigkeit geprüft. Es gibt also fast keine Zufälle, und die Qualität der Waren bleibt konstant. Der Speck beispielsweise wird von Liebhabern für den besten gehalten, den man in Südtirol kaufen kann. So authentisch wie möglich muss er produziert werden, und ungefähr so wie früher, vor der Industrialisierung, schmeckt er noch heute.

Neuerdings werden die eigenen Produktlinien mit Erfolg ausgebaut. Im Martelltal betreibt Seibstock eine eigene Manufaktur für Fruchtaufstriche und Sirups.

Adresse Laubengasse 227, 39012 Meran | **ÖPNV** Bus 210.1, 210.2, 210.4, 210.7, 211, Haltestelle Theaterplatz | **Anfahrt** MeBo SS 38, Ausfahrt Meran-Süd, rechts auf SP 117, weiter auf Romstraße, links über Cavourstraße bis Theaterplatz, rechts über Rennweg bis Laubengasse (Fußgängerzone) | **Öffnungszeiten** Mo–Fr 9–19 Uhr, Sa 9–18 Uhr | **Tipp** Das Geschäft »Pur Südtirol«, Freiheitsstraße 35, vertreibt ausschließlich Delikatessen und Kunsthandwerk von Produzenten aus Südtirol.

74 Die Stiftung Borodine

Russische Kolonie

Wer wollte nicht den eisigen Monaten Russlands entkommen und im milden Klima Merans überwintern? Kaum gab es eine direkte Bahnverbindung, sogar mit Kurswagen aus Petersburg, zog es die wohlhabenden Kaufleute, Industriellen und Mitglieder des Hochadels auch schon für mehrere Wochen in die Kurstadt. So auch Nadezhda Ivanovna Borodina, Tochter eines zaristischen Würdenträgers. Wie viele Touristinnen, die nach Meran kamen, war auch sie an Tuberkulose erkrankt und hoffte hier auf Heilung. Als der Aufenthalt nicht die gewünschte Wirkung zeigte, reiste sie an die Côte d'Azur. Es half alles nichts – Borodina verstarb 1889 37-jährig in Nizza. 100.000 Goldrubel ihres Erbes überließ sie dem Meraner Russenkomitee, das damit den Bau eines Sanatoriums und einer russisch-orthodoxen Kirche vorantreiben sollte.

Für die von Nadezhda gestiftete Villa Borodina wurde der Hausrat extra aus Moskau importiert, die Küche war selbstverständlich auch russisch. Juden, Polen und Schwerkranke waren in der Heilanstalt für Lungenkranke allerdings nicht zugelassen.

Nach Ausbruch des Ersten Weltkriegs war es mit dem russischen Tourismus, der seine Blüte Ende der 1880er Jahre erreichte, mehr oder weniger vorbei, stattdessen kamen im Sommer 1915 russische Kriegsgefangene über den Brenner, die vor allem als landwirtschaftliche Arbeiter im Etschtal eingesetzt wurden. Ab 1935 kümmerte sich ein städtischer Verwalter um die Stiftung; wertvolle Ikonen verschwanden. In den 1970er Jahren drohte die völlige Auflösung; aus der Villa Borodina wurde Zarenbrunn, ein Pensionistenheim, das aber bankrottging.

Es ist Olga von Sture, einer der letzten Russinnen in Meran, zu verdanken, dass die russisch-orthodoxe Kirche 1973 unter Denkmalschutz gestellt wurde. Nun, hört man, kommen wieder neue russische Touristen nach Südtirol, und ein Pope reist eigens aus Rom an, um seine Kirchenmitglieder zu betreuen und mit ihnen zu feiern …

Adresse Schafferstraße 21, 39012 Meran | **ÖPNV** Bus 146, Haltestelle Schafferstraße, Bus 4, Haltestelle Winkelweg | **Anfahrt** MeBo SS 38, Abfahrt Meran-Süd, rechts auf die SP 117, weiter auf der Romstraße ins Zentrum, die Schafferstraße geht rechts ab, die Kirche befindet sich etwas versteckt auf der linken Seite | **Öffnungszeiten** St.-Nikolaus-Kirche Mo, Mi und Do vormittags Kontakt unter Tel. 0039/0473/235976 | **Tipp** Über das vergangene und heutige jüdische Leben in der Stadt geben die Meraner Synagoge und das jüdische Museum in der Schillerstraße 12 Auskunft.

75 Die Wandelhalle

Weltluft auf der Winterpromenade

Hier flanierten Arthur Schnitzler, Christian Morgenstern, Rainer Maria Rilke, Stefan Zweig, Franz Kafka, Lion Feuchtwanger, später auch Gottfried Benn und viele andere. Es war nicht nur die feine Gesellschaft der Donaumonarchie, die einen Erholungsurlaub im Süden der österreichischen Monarchie buchte, Merans Ruf als Luftkurort war ähnlich international wie der von Davos.

Als 1864 die Wandelhalle auf der Winterpromenade errichtet wurde, hagelte es Proteste vonseiten der Anrainerinnen. Sie waren es gewohnt, an dieser Stelle die Wäsche zu trocknen und Stoffe zu bleichen. Die Sonnenseite entlang der Passer war jedoch geradezu ideal für einen teilweise überdachten, bequemen Spazierweg. So errichtete man von der Postbrücke flussaufwärts die Winterpromenade mit der Jugendstil-Wandelhalle, die im 20. Jahrhundert mit Bildern von Orten und Landschaften Südtirols dekoriert wurde, und auf der gegenüberliegenden Schattenseite die Sommerpromenade mit dem Denkmal von Kaiserin Elisabeth. Sisi war mehrmals in Meran gewesen. Mit ihr und Erzherzog Johann, der sich in Schenna niederließ, hat die Stadt – so der Schriftsteller Franz Tumler – »einen Zuschlag von Weltluft erhalten«.

Doch Weltluft allein macht noch keine Kurstadt; Merans geschützter, sonniger Lage, der geringen Luftfeuchtigkeit im Winter und der mediterranen Vegetation ist es zu verdanken, dass die Gäste nicht ausblieben, dass sich vor allem Lungenkranke von dem Klima Heilung versprachen.

»Die Jahreszeiten, die vier feindlichen Schwestern, hier halten sie sich noch friedlich Hand an Hand«, liest man bei Stefan Zweig. Schon im März blühen die violetten Glyzinien, sich an den schmiedeeisernen Trägern der Wandelhalle festkrallend.

Und die Winter- und die Sommerpromenade treffen sich auf harmonische Weise hinter dem Steinernen Steg in der Gilfschlucht, wo die Passer noch über steile Felsen sprudelt.

Adresse Winterpromenade, 39012 Meran | **ÖPNV** Bus 2, 2A, Haltestelle Freiheitsstraße oder Romstraße | **Anfahrt** MeBo SS 38, Abfahrt Meran-Süd, rechts auf die SP 117, weiter auf der Romstraße ins Zentrum, vor der Postbrücke links Zufahrt zu den Parkgaragen der Therme; über der Brücke rechts beginnt die Winterpromenade | **Tipp** Am Beginn der Winterpromenade befindet sich in Nummer 5–9 das Café Darling, dessen riesige Terrasse und großes Zeitungsangebot nicht nur die Meraner Kunst- und Literaturszene zum Verweilen einlädt.

76_Die MeBo

Superstrada

Die Herren, die am 20. August 1900 mit dem »3 ¼ kräftigen Automobil-Wagen« von Meran nach Bozen unterwegs waren, brauchten wegen der schlechten Wetterverhältnisse und aufgrund von Problemen mit der Zündungsvorrichtung gemessene 73 Minuten; die Rückfahrt bei Nacht dauerte schon 97 Minuten.

Die Straße von Meran nach Bozen durch die Dörfer östlich der Etsch wurde zwar nach und nach besser, und die Autos wurden schneller, doch das zunehmende Verkehrsaufkommen sorgte über die Jahrzehnte für immer mehr Staus. Die Pendler, die beispielsweise in den Industrie- und Handwerkszonen in Sinich oder in Bozen-Süd arbeiteten, kamen im Herbst, wenn die Bauern ihre Ente einbrachten, kaum voran.

Der Ruf nach einer Schnellstraße, die Südtirols größte Städte verband, wurde immer lauter. Jahrelang lieferten sich Gegner und Befürworter Propagandaschlachten. Die Umwelt- und Heimatschützer fürchteten um die Lebensqualität, um ihre Landwirtschaft, um Flussauen und Vogelschutzgebiete. Sie sprachen sich gegen eine vierspurige Trasse aus, die den Verkehr erhöhen und der Bahn den Todesstoß versetzen würde. Die von der Wirtschaft unterstützte Pro-MeBo sammelte hingegen im Oktober 1990 innerhalb weniger Tage 180.000 Unterschriften für einen raschen Baubeginn.

Heute entlastet die fast 32 Kilometer lange, vierspurige SS 38 vor allem die Dörfer Sinich, Burgstall, Gargazon, Vilpian und Terlan, sie schont aber auch die Nerven der Pendler und Urlauber, denn die 1999 eröffnete Schnellstraße verkürzt die Fahrzeit beträchtlich und sorgt in Bozen-Süd für eine rasche Anbindung an die Brennerautobahn. In die Schlagzeilen gerät die Straße nur mehr selten; 2001 wurde sie mehrmals von der aus dem Brenta-Gebirge stammenden Bärin Vida überquert; im Juni 2012 geriet ein zweijähriges Jungtier aus der Schweiz unter die Räder eines Alfa Romeo. Der kleine Braunbär überlebte den Frontalzusammenstoß leider nicht.

Adresse MeBo SS 38, Superstrada von Meran nach Bozen und umgekehrt | **Anfahrt** über die Brennerautobahnausfahrt Bozen-Süd oder über die Westtangente in Meran sowie über alle Ortszufahrten zwischen Bozen und Meran | **Tipp** Nach der MeBo-Ausfahrt Terlan gibt es für abenteuerlustige Kletterer einen schwindelerregenden Hochseilgarten mit einem hindernisreichen Parcours in einer Höhe von drei bis 20 Metern.

77_Der Buschenschank Wasserfall

Endlich zu Hause

Orte leben von Mythen, von den dunklen oder erhellenden Ereignissen, die an ihnen stattfanden, und von den Geschichten, die man sich darüber erzählt. Aber es gibt auch Orte, die im Wesentlichen von den Menschen leben, die Geschichten erzählen. Franco Gruber erzählt gern Geschichten. Auf der Terrasse seines Buschenschanks sind sie besonders kurzweilig. Bei Wein und Speck wird man immer empfänglicher für das alte Land, das dann noch in ganz anderen Zeiten zu existieren scheint, schlichter und schöner, mit nostalgischen Werten, die es längst nicht mehr gibt, aber von denen man gern hört. Franco Gruber hat die Fähigkeit, die schaukelnden Dinge des Lebens auf einen gemeinsamen und handfesten Nenner zu bringen. Vieles ist plötzlich einfacher, als man gemeinhin denkt.

Und er erzählt gern über seine vier unangepassten Kinder, die in der Welt unterwegs sind, und darüber, wie er und seine Frau Mara aus einem mehr oder weniger verfallenen, durch Erdbeben beschädigten Haus dieses Anwesen wieder herausbauten, mit Muskel- und mit Willenskraft. Das Haus wird auf einige hundert Jahre geschätzt, und irgendwie würde es ihn freuen, wenn die umgekehrten Fensterstürze, die er bei der Renovierung freilegte, einst Schießscharten gewesen wären.

Im Unterland ist Franco Gruber so bekannt wie ein bunter Hund. Das liegt vor allem an seiner Vergangenheit, als er und seine Frau als Hirten durch Südtirol zogen und mit ihrer Schafherde bei Autofahrern und Apfelbauern für Unmut und Aufregung sorgten. Dieses anarchistisch-nomadische Moment der Hirten stieß zu oft an die harten Mauern der im immobilen Wohlstand begriffenen Südtiroler. Gruber und seine Frau scherten sich wenig um die glänzenden Schuhe der parfümierten Ackerbürger und trieben ihre Herde auch mitten durch Bozen: nicht aus folkloristischen Neigungen, sondern deshalb, weil auch früher die Hirten diesen uralten Weg gewählt hatten.

Adresse Glenerweg 22, 39040 Montan | **ÖPNV** Bus 142, Haltestelle Montan, Fußweg | **Anfahrt** A22, Ausfahrt Auer/Neumarkt Richtung Auer, auf SS 48 bis Montan, rechts auf Abzweig Unterglen, Ausschilderung »Buschenschank Wasserfall« folgen | **Öffnungszeiten** April–Juni, Aug.–Nov. Mi–So durchgehend ab 12 Uhr, Feb., März nur auf Vorbestellung | **Tipp** Die kleine Stephanuskirche in Pinzon birgt mit dem Flügelaltar von Hans Klockner aus dem frühen 16. Jahrhundert eine besondere Kostbarkeit.

78 Das Bunker Mooseum

In der Sperrgruppe

Was macht man mit alten Bunkern? Diese recht üblen Hinterlassenschaften hysterisch-paranoider Betonköpfe beschäftigen noch immer Sprengmeister und Raumausstatter. Wenn man sie nicht als Weinlager oder Käsereikeller verwenden kann, werden sie gern zu Museen umgebogen. Die modernen Zeiten sind praktisch. So auch in Moos. Die im Fels verborgene und perfekt getarnte Anlage ist heute mit einem schönen Glasvorbau versehen, der vielleicht andeuten soll, dass niemand mehr mit Steinen werfen sollte, der im historischen Glashaus sitzt. Behutsam und mit vielen Ideen hat man aus dem Bunker das sogenannte »Mooseum« heraus- und in die Stollen und Kavernen hineingebaut.

Wie andere Südtiroler Museen ist auch dieses eine didaktische Wunderkammer. Zum einen kommt man aus dem Staunen über so viel Merkwürdiges nicht heraus, zum anderen erfährt man viel Wissenswertes. Das Museum informiert über Fauna und Flora der Texelgruppe, über die Siedlungsgeschichte des hinteren Passeiertals, zeigt archäologische Fundstücke und lädt mit vielen audiovisuellen Installationen dazu ein, sich in das lange Warten auf den möglichen Feind einzufühlen.

Die Anlage gehörte zur Sperrgruppe »Moso«, die ein Teil des »Vallo Alpino« war, des sogenannten Alpenwalls. Der war auch noch während der 1930er Jahre als streng geheimes Großprojekt gegen das mit Italien verbündete Deutschland gebaut worden. Die sechs Anlagen der Sperrgruppe sollten eine Invasion über das Timmelsjoch verhindern oder den Einmarsch der Deutschen durch eine tiefe Staffelung der Stellungen zumindest erschweren. Als die deutsche Wehrmacht im September 1943 tatsächlich in Norditalien einmarschierte, um den von ihnen befreiten Diktator Mussolini und seine neu gegründete »Republik von Salò« (am Gardasee) zu unterstützen, fiel der Wall, der ernsthaften Kampfhandlungen nur in wenigen Abschnitten standgehalten hätte, kampflos in deren Hände.

Adresse Dorfstraße 29a, 39013 Moos in Passeier | **ÖPNV** Bus 240, Haltestelle Moos in Passeier | **Anfahrt** A 22, Ausfahrt Sterzing, auf SS 44 bis St. Leonhard in Passeier, dort rechts auf SS 44b bis Moos, links abbiegen in Dorfstraße | **Öffnungszeiten** März–Nov. Di–So 10–18 Uhr | **Tipp** Der Eisturm in Rabenstein, abseits der Passstraße zwischen Moos und Timmelsjoch, bietet Anfängern und fortgeschrittenen Kletterern auf einem 25 Meter hohen Eiszylinder eine besondere Herausforderung (Mitte Dez.–Ende Feb. geöffnet).

79__Die Timmelsjoch-Straße

Kurzes Sommerglück

Wer in falscher Einschätzung der Fliehkraft das Gas zurückzunehmen vergisst oder nicht rechtzeitig einen Gang herunterschaltet, erwischt die Kurve nicht mehr und ist verloren. Die steile Bergstraße, die das Südtiroler Passeiertal mit dem Nordtiroler Ötztal in der heutigen ausgebauten Form erst seit 1968 verbindet, ist nicht nur für Biker ein Abenteuer. Berganbeter, die ungern ihre eigenen Beine benützen, haben die Gelegenheit, ohne Kraftanstrengung in ihrem Auto die Waldgrenze hinter sich zu lassen und den Fernblick auf Almböden, Zirben und schroffe Gipfel zu genießen.

Es sind nur wenige Monate, in denen das 2.491 Meter hohe Joch passierbar ist. Hitchcock, der hier 1926 »The Mountain Eagle« drehte, einen »schlechten Film«, wie er selbst sagte, wurde während der Aufnahmen vom Wintereinbruch überrascht. Für eine Szene des Films, von dem heute nur mehr ein paar Standfotos übrig sind, musste der Schnee vor einem Häuschen geschmolzen werden. Als die Zimmer voller Wasser standen, drehte die Hausbesitzerin durch und war nur noch mit ein paar Münzen zu beruhigen.

Ganz ohne Geld kann man sich von den Strapazen der Bergfahrt auf den verschiedenen Aussichtsplattformen erholen, die der Südtiroler Werner Tscholl entworfen hat. In Form und Farbe der Landschaft angepasst, bieten die Architekturskulpturen aus eingefärbtem Beton Informationen zur Natur-, Kultur- und Wirtschaftsgeschichte der beiden Täler. In der Station »Eishöhle«, wenige Kilometer vor dem Pass, erfährt man Interessantes zur Entstehung der Hochalpenstraße, deren Grund- und Oberbau noch mit Pickel und Schaufel ausgeführt wurden.

Aus einem uralten Pfad von Nord nach Süd, den einst Packträger und Saumtiere benützten, ist dank einer länderübergreifenden Kraftanstrengung eine technisch kühne Panoramastraße entstanden, die alle Grenzziehungen vergessen lässt, bis der erste Schnee die Verbindung wieder kappt.

Adresse zwischen dem Ötztal (Österreich) und dem Passeiertal (Italien) gelegen, 39013 Moos in Passeier | **ÖPNV** Bus 262, Haltestelle Timmelsjoch | **Anfahrt** von Österreich die Ötztalstraße 186 bis zum Timmelsjoch, weiter über die SS 44/Panoramastraße bis Moos in Passeier | **Öffnungszeiten** nur in den schneefreien Monaten | **Tipp** Eine ähnlich kehrenreiche Passstraße führt auf den nicht ganz so hohen inneritalienischen Jaufenpass (2.094 Meter), der Meran und Sterzing verbindet.

80 Das Prokulus-Ensemble

Mit großen Augen

Die kleine Kirche gibt Rätsel auf. Wann wurde sie gebaut, und wie alt sind ihre romanischen Fresken tatsächlich, die erst 1912 unter einer Schicht gotischer Malereien entdeckt wurden? In ihrem berühmtesten Bild wird von der Flucht des heiligen Prokulus aus Verona erzählt. Er wird von der Stadtmauer auf einer Art Schaukel abgeseilt, und für heutige Betrachter sieht er mit seinen großen Augen fast vergnügt aus. Wo lassen sich vergleichbare Darstellungen finden, die direkt mit ihnen korrespondieren? Oder sind sie ohne Vorbild und die Ersten ihrer Art? Und wer waren die Maler dieser Fresken? Wo kamen sie her? Aus Irland, Süddeutschland oder aus dem Trentino?

Als man in den achtziger Jahren des 20. Jahrhunderts durch Grabungen die Geheimnisse und die damit verbundenen Fragen zu klären versuchte, wurde die Angelegenheit nicht einfacher. Unter und neben der Kirche wurden Reste eines abgebrannten Hauses entdeckt, und zur Freude aller kunsthistorisch interessierten Kriminologen hat man auch das Skelett einer für damalige Verhältnisse recht alten Frau – sie war etwa 45 Jahre alt – gefunden: Zusammengekauert lag sie im Brandschutt. Ihre Knochen wiesen aber keine Brandspuren auf, was den Schluss nahelegt, dass sie nicht im Feuer starb. Wo dann? Außerhalb der Kirche und des abgebrannten Hauses ließen sich 60 frühmittelalterliche Bestattungen nachweisen. Einem der Frühbestatteten war mit einem Schwerthieb ein Teil der Schädeldecke abgeschlagen worden. Heute liegt er im benachbarten Museum. Auch ein frühbarocker Seuchenfriedhof wurde freigelegt, mit Einzel- und mit Massengräbern, und auch die Gruft der Annenberger, die sich in der Kirche bestatten ließen.

Das 2006 eröffnete Prokulus-Museum illustriert die Geschichte der Kirche und ihre kunsthistorische Großartigkeit. Die Funde sind dort ausgestellt wie auch die erhaltenen abgelösten gotischen Wandmalereien.

Adresse St.-Prokulus-Straße, 39025 Naturns | **ÖPNV** Bus 251, 265, Haltestelle Naturns | **Anfahrt** ab Meran auf SS 38 bis Naturns, Abzweig links auf Hauptstraße, rechts auf F.-Gustav-Straße und St.-Prokulus-Straße | **Öffnungszeiten** 27. März–14. Okt. Di–So 10–12.30 und 14.30–17.30 Uhr; 15. Okt.–4. Nov. Di–So 10–12.30 und 14–17 Uhr; feiertags geöffnet | **Tipp** Erhöht über dem Tal bei Tarsch liegt die rein romanische Kirche St. Medardus von 1209 neben dem ehemaligen Hospiz der Kreuzritter.

81 Das Haus Wassermann

Die wiedergefundene Zeit

Es ist unter den vielen Südtiroler Museen (es gibt gegenwärtig 115) eines der charmantesten. Seine Bestände gehen auf die Sammelleidenschaften der Familie Wassermann zurück, die in diesem Haus 85 Jahre lebte. In den Jahren 1892 bis 1977 trugen die Wassermanns einige tausend Exponate zusammen, die vom bürgerlich geprägten Landleben in Südtirol erzählen. Ganze Räume, Küchen, Wohnstuben, Ess- und Schlafzimmer wurden in allen Einzelheiten rekonstruiert, und ständen nicht überall kostümierte Ausstellungspuppen herum, könnte man meinen, die Wassermanns kämen jeden Augenblick zurück. Der Hut hängt am Haken und die Wäsche zum Trocknen über der Leine, das Badetuch liegt über dem Zuber, der Tisch ist gedeckt, und auch wenn die Suppenterrine längst geleert ist, meint man ihren sonntäglichen Duft noch wahrzunehmen.

Dieses anekdotische und in vieler Hinsicht anrührende Museum erstreckt sich in mehreren Räumen über zwei Etagen. Es erzählt aber nicht nur die Geschichte seiner ehemaligen Bewohner und ihrer Nachbarn in Niederdorf und Umgebung; es erzählt auch von den alten Zeiten, die im Wandel begriffen waren und immer stärker vom Tourismus akzentuiert wurden. Niederdorf nimmt für sich in Anspruch, eine der herausragenden bäuerlichen Wiegen des international geprägten Tourismus in Südtirol zu sein, der das Land bis heute auf seinen vergoldeten Händen trägt. Fahrpläne und Billets sind ausgestellt, Puppen in Reisemänteln und mit ledernen Koffern, Fotos von Kutschen und Lokomotiven.

Aber die Wassermanns und ihr Museum erzählen nicht nur vom Leben und seinen behaglich biederen und irritierend gemütlichen Seiten. Sie berichten auch vom Sterben: Allein die Sammlung von Totenzetteln soll 18.000 Exponate umfassen. Nur wenige dieser letzten öffentlichen Souvenirs, die an die Verstorbenen erinnern, sind ausgestellt und hübsch drapiert mit Rosenkränzen und Kruzifixen.

Adresse Von-Kurz-Platz 5, 39039 Niederdorf | ÖPNV Bus 402, Haltestelle Niederdorf, Bahn Bruneck–Innichen, Haltestelle Niederdorf | Anfahrt A 22, Ausfahrt Brixen/Pustertal Richtung Pustertal, auf SS 49 Richtung Bruneck bis nach Niederdorf | Öffnungszeiten Dez.–Feb. und Mai–Juni Fr, So 16–19 Uhr, Sa 9–12 und 16–19 Uhr; Juli–Sept. Di–So 16–19 Uhr | Tipp Das Hotel Emma, eines der legendären Hotels des im 19. Jahrhundert aufkommenden Alpentourismus im Pustertal, wird heute als gut ausgestattetes Wellnesshotel betrieben.

82 Das Schreibmaschinen-museum

Glückloses Genie

»Das Gestänge, das die Typen trägt, hat die Schlankheit von Flamingobeinen«, schwärmte einst Siegfried Kracauer. Im Vergleich zur 3.000 Jahre alten Schriftkultur mutet die Ära der Schreibmaschine kurz an: gerade mal 120 Jahre.

Der Partschinser Tischlermeistersohn Peter Mitterhofer (1822 bis 1893) gab sich mit der einfachen Ausübung des Berufs seines Vaters nicht zufrieden; er baute unter anderem Musikinstrumente, eine hölzerne Waschmaschine und zwischen 1864 und 1869 vermutlich sechs Schreibmaschinenmodelle. Zwei dieser Maschinen präsentierte Mitterhofer dem österreichischen Kaiser Franz Joseph I., doch bei Hofe zeigte man sich nicht interessiert. Dabei hätte es nur geringfügiger Änderungen bedurft, und die technisch ausgetüftelten Apparate wären möglicherweise vor dem amerikanischen Remington-Modell seiner Erfinder Sholes, Glidden und Soulé serienmäßig produziert worden. Hätte der Partschinser Sonderling nicht auf den Regenten, sondern auf einen risikobereiten Unternehmer gesetzt, wäre er vielleicht reich und berühmt geworden. So erhielt er lediglich 350 Gulden Abschlagszahlung und blieb ein verkanntes Genie.

Seit 1997 erinnert im Partschinser Teisenhaus ein Museum an Peter Mitterhofer; mit mehr als 1.400 Exponaten beherbergt es die weltweit umfangreichste Sammlung an Schreibmaschinen. Hier finden sich neben Musiknotenschreibmaschinen und Blindenschreibmaschinen auch Exponate wie die berühmte »Malling-Hansen«, welche 1867 als erste fabrikmäßig produzierte Schreibkugel auf den Markt kam; auf ihr hat Friedrich Nietzsche geschrieben. Doch auch das Modell »Oliver«, auf dem Franz Kafka seine Romane getippt hat, ist ausgestellt, nicht zu vergessen die legendäre »Enigma«, die wohl bekannteste Chiffriermaschine aller Zeiten, die von der deutschen Wehrmacht im Zweiten Weltkrieg benutzt wurde.

Adresse Kirchplatz 10, 39020 Partschins | ÖPNV Bus 213, Haltestelle Partschins | Anfahrt SS 38 von Meran Richtung Reschen, nach der Ortschaft Töll folgt die Abzweigung rechts nach Partschins | Öffnungszeiten April–Okt. Mo 14–18 Uhr, Di–Fr 10–12 und 14–18 Uhr, Sa 10–12 Uhr; Nov.–März Di 10–12 Uhr, Führungen nach Voranmeldung unter Tel. 0039/0473/967581 | Tipp Der Partschinser Wasserfall, eine Stunde Fußmarsch entfernt, hat eine Fallhöhe von 97 Metern und führt in seinen Hochzeiten während der Schneeschmelze bis zu 10.000 Liter Wasser pro Sekunde – ein beeindruckendes Naturschauspiel!

83_Der Pragser Wildsee

Das Tor der Königin

Er sieht aus, als sei er eine Erfindung Hollywoods. Man glaubt sich in einer gigantischen, fast unwirklich schönen Filmkulisse. Sie scheint so unwirklich, weil sie so ideal ist: der spiegelglatte smaragdgrüne See, die vom Ufer hoch aufragenden Berge, das Sonnenlicht auf ihren hellen Spitzen und die schwarzgrünen Wälder, die bis an die steilen Felswände hin wachsen. An seinem Ende steht der Seekofel (2.810 Meter), ein monumentaler Berg, dessen Spitzen über dem Seespiegel in den Himmel ragen. Man möchte glauben, dass hier am Nordrand des Naturparks Fanes-Sennes-Prags tatsächlich die sagenumwobene Faneskönigin durch ein riesiges Felstor, das heute verschüttet im Wasser unterhalb des Seekofels liegen soll, aus der unterirdischen Bergwelt zur Sommersonnenwende über den See kam. Gar nicht poetisch ist seine Entstehung durch Bergrutsche, die das Tal nach Norden verschließen. Ungefähr 1.200 Meter misst er in der Länge, 400 Meter in der Breite, und bis zu 40 Meter ist er tief. Der leichte Rundweg um den See gehört in der Hochsaison und an den Wochenenden zu den beliebtesten Spaziergängen im Hochpustertal.

Im Grandhotel Pragser Wildsee befanden sich am Ende des Zweiten Weltkriegs, kurz vor der deutschen Kapitulation, vorübergehend 139 sogenannte Sonderhäftlinge aus 16 Nationen, die der »Reichsführer-SS« Heinrich Himmler hatte verhaften lassen, um sie als Geiseln bei von ihm erdachten »Friedensverhandlungen« mit den Alliierten als Druckmittel einzusetzen. Darunter befanden sich hochrangige Offiziere ehemaliger Verbündeter, Minister und Präsidenten, aber auch Bischöfe, Priester, Prinzen, Agenten und englische Gefangene, die Himmler aufgrund ihres Nachnamens für Verwandte des britischen Premiers Winston Churchill hielt. Ein Wehrmachtskommando hatte die Geiseln, die zuvor in Niederdorf inhaftiert waren, noch rechtzeitig aus den Händen der SS befreien können.

Adresse St. Veit, 39030 Prags | **ÖPNV** Bus 442, Haltestelle St. Veit, Fußweg | **Anfahrt** A 22, Ausfahrt Brixen-Pustertal Richtung Pustertal, auf SS 49 bis Niederdorf, Abzweig nach Prags | **Tipp** Das Grandhotel Pragser Wildsee verfügt noch über seine Gründerzeit-ausstattung (1899) und ist, auf fast 1.500 Metern Höhe, ein idealer Ausgangspunkt für Wanderungen und Skitouren.

84_Die Gilfenklamm

Lautes Wasser

Als die Gilfenklamm im Sommer 1898 eröffnet wurde, war sie die frühtouristische Sensation in Sterzing. Drei ausgelassene Tage lang spielte die Musik auf, die Schützen schossen bis zur Trunkenheit Salut, und die Klamm wurde nach Kaiser Franz Joseph benannt, wie so vieles, was wichtig, groß und schön war in der Herbstblüte der alten kaiserlich-königlichen Monarchie. Sie war natürlich im eigentlichen Sinn nicht eröffnet, sondern für das breite Publikum erschlossen worden.

Schon vor dem großen Run der Touristen waren Flößer, Holzfäller und Jäger auf riskanten Pfaden durch sie hindurchgekrochen. Über Stiegen, Stege und Brücken kann man nun seit diesen ausgelassenen Sommertagen in die Klamm recht bequem einsteigen, im Sonntagsstaat und mit polierten Schuhen, und sich dort dem wohligen Schrecken hingeben, den die maßlosen Naturgewalten den Betrachtern einjagen. Die Klamm ist an manchen Stellen bis zu 100 Meter tief. In der sogenannten »Kirche« erreichen nach wie vor alle Bewunderungen und Ängste ihren Höhepunkt. Die Felswände stehen hier so eng, dass man vom Himmel nur ein kleines Stück sehen kann. Der Höllenlärm verhindert jede Andacht, macht aber eventuell weiche Knie. Durch die Galerie, eine etwa 20 Meter lange und in den Fels geschlagene Passage, geht man geduckt und mit dem nötigen Respekt, den Kirchen und Naturgewalten abverlangen.

In Zeiten ausgefeilter 3-D-Animationen hat es die Klamm heutzutage nicht mehr so leicht, ihren sensationellen Standpunkt zu behaupten. Besonders die Kleinen, derentwegen man für gewöhnlich die Klamm besucht, haben schon aufregendere Spektakel und Weltuntergänge miterlebt. Aber gerade in den Sommermonaten ist die Klamm voll mit Kindern, ängstlichen Müttern und sich wagemutig gebenden Vätern, die auch auf den schrägen Schaubrücken nervenstark die Gegebenheiten abfotografieren und Erläuterungen gegen die Wände schreien.

Adresse Stange, 39040 Ratschings | **ÖPNV** Bus 312, Haltestelle Stange | **Anfahrt** A 22, Ausfahrt Sterzing, auf SS 44 (Jaufenstraße) bis Camping Gilfenklamm, rechts auf Hauptstraße bis Stange | **Öffnungszeiten** Anfang Mai – Anfang Nov. 9.30 – 17.30 Uhr; Juli – Aug. 9 – 18 Uhr | **Tipp** Das Erlebnisbergwerk Schneeberg in Ridnaun (Bergbau 1967 eingestellt) vermittelt 800 Jahre Grubengeschichte, bietet Stollenführungen und eine Fahrt mit der Grubenbahn an (April – Nov. Di – So 9.30 – 16.30 Uhr).

85 Das Hotel Bemelmans

Mit Freud und Schwiegermutter

Dem Erfinder der Freud'schen Fehlleistung ergeht es ähnlich wie dem Dichterfürsten Johann Wolfgang von Goethe: Überall, wo Sigmund Freud war und schrieb, erinnert eine Gedenktafel an das Ereignis, das zum Zeitpunkt, als es stattfand, nur wenig beachtet wurde. Der Professor aus Wien feierte 1911 in diesem Hotel seine Silberhochzeit. Er schrieb, was Freudianer zu komplizierten Gedankengängen veranlassen mag, hier im Glanz und Schatten seiner Ehe (Freud ist bekanntlich auch der Erfinder der psychologischen Phallussymbole) sein berühmtes Werk »Totem und Tabu«. Darin geht es um Völkerpsychologie, um Zwangsneurosen (Freuds Spezialgebiet), um Inzest und um Schwiegermütter.

Freud war, was uns auch ohne Neurosen und Inzestscheu mit ihm verbindet, südtirolverrückt. Immer wieder reiste er in die Tiroler Bergwelt, am liebsten auf die Sonnenseite nach Klobenstein. In einer Notiz hielt er nach einem Spaziergang die Welt von gestern fest, die es manchmal auch heute noch gibt: »Es war eine entzückende Einsamkeit, Berg, Wald, Blumen, Wasser, Schlösser, Klöster und keine Menschen.«

Das ehemalige Posthotel, das es bereits gab, als die Brennerstraße noch über den Ritten führte, erinnert außer mit einer Tafel auch mit einer sogenannten Sigmund-Freud-Stube an den berühmten Gast. So könnte es damals im Hotel ausgesehen haben, als Freud hier abgeschieden in den Journalen für die Hausgäste und in den Seelen des Personals las. Aber in den letzten 100 Jahren wurden die Möbel so häufig verrückt, dass die Stube nicht als museal authentisches Unikat, sondern lediglich als möblierte Hommage an den Mann erinnert, der von hier aus, mit Blick vom Ritten und auf 25 Ehejahre, schrieb: »Es ist kaum zweifelhaft, dass in der psychologischen Situation von Schwiegermutter und Schwiegersohn etwas enthalten ist, was die Feindseligkeit zwischen ihnen befördert und ihr Zusammenleben erschwert.«

Adresse Dorfstraße 8, 39054 Ritten | **ÖPNV** Bus 165, Haltestelle Klobenstein | **Anfahrt** A 22, Ausfahrt Bozen-Nord, auf SS 22 Richtung Kardaun, Abzweigung rechts nach Unterinn, dem Verlauf der Hauptstraße bis Klobenstein folgen | **Tipp** Die Rittner Schmalspurbahn von 1907 verkehrt täglich von Klobenstein nach Oberbozen und versetzt unmittelbar in Kindheitsträume nie endender Sommerfrischen.

86__Maria Himmelfahrt

Die da oben

Manchmal glaubt man, dass eine Steigerung nicht mehr möglich sei. Schließlich reist und lebt man in Südtirol in einem Land der Superlativen: schönste Landschaft, beste Weine, die delikateste Küche, die nettesten Menschen und auch noch die meisten Sonnentage. Und Bozen, die Hauptstadt, ist so charmant, dass man sie überhaupt nicht mehr verlassen möchte. Kann es also etwas geben, das noch darüber liegt?

Ja. Der Name sagt es: Oberbozen. In einem gewissen Sinn ist Oberbozen tatsächlich die Steigerung von Bozen. Hier oben auf dem Ritten bauten seit dem frühen 18. Jahrhundert Bozener, die über die entsprechenden Mittel verfügten, prächtige Häuser, um mit ihren Familien dort die Sommerfrische verbringen zu können. Diese neben alten Linden und Kastanien stehenden Villen wurden von bedeutenden Malern des Spätbarocks ausgemalt und stehen heute unter Denkmalschutz. Hier arbeitete auch Carl Henrici, der das berühmte und politisch so bedeutsame Herz-Jesu-Bild in der Bozner Stadtkirche gemalt hat. Vor diesem Bild schworen 1796 die Tiroler Landstände, das Land unter ihren besonderen Schutz zu stellen.

Die Sommerfrische dauerte traditionell von Peter und Paul (29. Juni) bis Mariä Geburt (8. September). Nach Mariä Himmelfahrt (am 15. August), einem der höchsten Feste der katholischen Kirche, ist auch der Ortsteil auf dem Ritten benannt, an dem sich die architektonischen Eindrücke der alten Zeit am besten erhalten haben. Hier steht auch das barocke Schützenhaus mit seinen vielen Erinnerungs- und Festscheiben, das zur Unterhaltung der Sommerfrischler gebaut wurde.

Die alte Rittnerbahn brachte bis in die 1960er Jahre Gäste direkt vom Bozener Waltherplatz die etwa 800 Höhenmeter auf den Ritten hinauf. In Erinnerung an diese heute unzeitgemäße, weil viel zu langsame Beförderung wurde 1985 die Bahnstation Maria Himmelfahrt nach Originalplänen rekonstruiert.

Adresse Maria Himmelfahrt, 39054 Ritten | **ÖPNV** Rittner Seilbahn ab Bozen (Rittner Straße 12) bis Oberbozen, Rittnerbahn ab Klobenstein, Haltestelle Maria Himmelfahrt | **Anfahrt** A 22, Ausfahrt Bozen-Nord, auf SS 22 Richtung Kardaun, Abzweig rechts nach Unterinn, dem Verlauf der Hauptstraße folgen, vor Klobenstein Abzweig links nach Oberbozen, der Dorfstraße bis Maria Himmelfahrt folgen (enge Straßenführung!) | **Tipp** Der Gasthof Schluff mit schönem Biergarten ist seit Generationen beliebte Station bei Wanderungen auf dem Ritten (Maria-Himmelfahrter-Weg 2, Mo–So 12–21 Uhr).

87_Die Salurner Klause

Oh, du mein Heimatland

Die einen tragen sie im Kopf, die anderen im Herzen, wieder andere glauben, man könne sie geographisch verorten und müsse sie mit Waffen verteidigen – mit der lieben Heimat ist das so eine Sache. In Südtirol gibt es Heimatmuseen und Heimatverbände, Heimatkunst und Heimatdichtung, nicht zuletzt Heimatabende, an denen bekannte Heimatlieder gesungen werden – so viel Heimat ist sonst nirgends.

In dem berühmten Bozner Bergsteigerlied »Wohl ist die Welt so groß und weit …«, das als heimliche Landeshymne gilt, ist das allerschönste Stück Welt – wie kann es anders sein – die Heimat! Diese hört in dem Lied, aber auch in vielen Tiroler Köpfen an der Salurner Klause auf, weshalb es schon mal vorkommen kann, dass ein besonders fanatischer Heimatliebhaber beim Passieren der Talenge das Autofenster öffnet und seinen Ausweis einem imaginären Grenzbeamten entgegenstreckt.

Für all die Heimatschützer und an der ideologischen Heimatfront Kämpfenden ist die Klause natürlich das Ende ihrer Welt, auf jeden Fall die Landesgrenze im Süden, wo sich das Etschtal im Osten durch den Geiersberg, im Westen durch den Fennberg verengt, bevor es in die Piana Rotaliana übergeht. Gleich hinter der geologischen Landestür beginnt, von steilen Felsen umrahmt, die norditalienische Weinebene, in der seit dem 14. Jahrhundert ein Elternteil des Südtiroler Lagreins beheimatet ist: der Teroldego. Dass sich der Name des dunklen, vollmundigen Rotweins von der deutschen Bezeichnung »Tiroler Gold« ableitet, zeigt einmal mehr, dass sich Grenzen schwer oder gar nicht ziehen lassen. Die Salurner Klause ist einer der südlichsten Punkte des deutschen Sprachraums.

Meine Heimat, sagen manche Dichter, ist die Sprache. Für den großen spanischen Schriftsteller Jorge Semprún, der Krieg, Deportation und Exil am eigenen Leib erfahren musste, ist nicht Sprache Heimat, »sondern das, was gesprochen wird«.

Adresse Talenge bei Salurn, Grenze zum Trentino, 39040 Salurn | **Anfahrt** Brennerautobahn A 22, Ausfahrt Neumarkt/Auer/Tramin, auf der SP 129 weiter Richtung Salurn und Trentino | **Tipp** Am Wochenende ist südlich von Salurn am Geiersberg die Burgschenke der Haderburg geöffnet; über einen gut ausgebauten und im Endstück steil ansteigenden Wanderweg erreicht man in circa 15 Minuten die mittelalterliche Ruine und hat von dort eine grandiose Aussicht auf das Unterland.

88__Die Durnholz-Idylle

Mitten im Herz

Einer der besonderen Reize von Durnholz ist, dass es hier nicht weitergeht. Man ist am Ende, mittendrin im Südtiroler Herzen, tief in den Sarntaler Alpen und weit entfernt von allem, was nicht Himmel oder Berg ist.

Die Straße endet zwar nicht, aber die Durch- und Weiterfahrt ist für Nichtansässige untersagt. Hinter Durnholz geht es nur noch bergauf, am Durnholzer See entlang, der nicht groß, aber sehr idyllisch unterhalb des Dorfes gelegen ist. Auf fast 2.500 Metern Höhe liegen die Marburger Hütte und der Flaggersee. Die Wanderwege dorthin führen durch Bergwiesen und Zirbenwälder, und an nicht ganz so schönen Tagen außerhalb der Saison hat man die Gegend für sich allein.

Vom Parkplatz vor dem Dorf führen auch Stiegen und Wege steil hinauf zu den beiden Sehenswürdigkeiten, die in fast allen Reiseführern erwähnt sind: zum Pfarrwirt und zur Kirche St. Nikolaus. Der Pfarrwirt unterscheidet sich von anderen Gasthäusern in dieser Gegend nicht mehr, aber seine ehemalige Besonderheit liegt in dem Umstand, dass der Pfarrer von Durnholz auch exklusiv über die Schankrechte verfügte und bis 1970 selbst am Zapfhahn stand. Man hat hier also, was in den schwach besiedelten Hochtälern früher durchaus üblich war, immer mit geistlichem Beistand trinken können. Die Geschichte dieser Liaison reicht in diesem Dorf bis ins 13. Jahrhundert zurück.

Nicht ganz so alt sind die hochgotischen Wandmalereien in der Kirche, die erst in den 1980er Jahren unter dem Putz entdeckt und freigelegt wurden. Sie erzählen in groß angelegten Bildern das Leben des heiligen Vitus, der vermutlich der erste Patron der Durnholzer Kirche gewesen ist. Die kunsthistorische Besonderheit dieses reichen und frischen Freskenzyklus liegt in der stilistischen und ländlich vereinfachten Adaption von Vorbildern, wie sie zu Beginn der Renaissance in Verona in der Nachfolge Giottos gemalt wurden.

Adresse Durnholz, 39058 Sarntal | ÖPNV Bus 150, Haltestelle Durnholz | Anfahrt A 22, Ausfahrt Bozen-Nord oder Bozen-Süd Richtung Zentrum bis Rom-Brücke, weiter in nördliche Richtung auf SS 508 (Sarntaler Straße) bis hinter Sarnthein, bei Abzweig Astfeld Richtung Durnholz bis Talende | Tipp Die Handweberei Unterweger (Steet 26/A, Sarnthein) fertigt aus einheimischer Schafwolle Decken, Teppiche und die legendären, unverwüstlichen Sarner Jangger.

89__Die Gedächtniskapelle

Erfundene Heilige

Hinter dem allseits bekannten Sandwirt, dem Geburtshaus Andreas Hofers, befindet sich eine Kapelle, deren monumentaler Treppenaufgang wohl signalisieren soll, dass man sich dem Denkmal des größten Südtiroler Freiheitshelden im Kampf gegen die Franzosen nähert. Der neuromanische Bau wurde anlässlich seines 100. Geburtstages 1867 errichtet.

Tageslicht dringt nur durch die kleinen Fensteröffnungen in die Dreiecksgiebel, es reicht aber aus, um die Wandmalereien von Edmund von Wörndle (1827–1906) zu den Ereignissen von 1809 und des Gedächtnisbundes von 1786 genauer sehen zu können. Doch Achtung: Im Inneren ist zum Schutz vor Randalierern ein Gitter eingezogen. Es bedarf eines Schlüssels, um die Figurengruppe in der Apsis sehen zu können, die sich dem Blick des Besuchers entzieht. Das angrenzende Museum Passeier gibt Auskunft, wer für die Pflege der Kapelle, die dem österreichischen Bundesland Nordtirol gehört, zuständig ist.

Umrahmt von der Äbtissin B. Johanna von Roveredo und den drei Heiligen Nothburga, Heinrich und Florinus, sind drei kindliche Figuren mit Heiligenschein abgebildet, über denen ein Schutzengel schwebt. Ihre Namen – S. Andreas v. Rinn, S. Ursula v. Lienz und Simon v. Trient – sind Synonyme für Tiroler Ritualmordlegenden. Für den unaufgeklärten Tod dieser Kinder wurde Juden die Schuld gegeben, man stilisierte sie zu »Opfern des chassidischen Fanatismus«.

Derartige Verleumdungskampagnen dienten dem katholischen Tirol jahrhundertelang als Rechtfertigung für antisemitische Verfolgungen. Andreas von Rinn beispielsweise wurde laut Legende 1462 von durchreisenden Juden rituell ermordet; erst 1994 verbot der Innsbrucker Bischof Reinhold Stecher den »Anderl-Kult« und Wallfahrten nach Judenstein bei Innsbruck. Die Abbildungen in der Gedächtniskapelle sind skandalöse, weil unkommentierte Zeugnisse des Antijudaismus in Tirol.

Adresse Passeirer Straße 72, 39015 St. Leonhard in Passeier | **ÖPNV** Bus 240, Haltestelle Museum Passeier | **Anfahrt** Die Gedächtniskirche liegt auf der SS 44 vor St. Leonhard in Passeier, wenn man von Meran kommt. | **Öffnungszeiten** während der Museumsöffnungszeiten 15. März – 2. Nov. Di – So 10 – 18 Uhr geöffnet; Aug. – Sept. Mo – So 10 – 18 Uhr | **Tipp** Die Hütte, in der sich Andreas Hofer vor den Franzosen versteckt hatte und in der er 1809 gefangen genommen worden war, steht auf der Pfandleralm. Man zweigt bei der Zenobrücke an der Staatsstraße rechts ab, folgt Markierung 1 zur Pfandleralm.

90_Das Museum Ladin

Sprachen und Schätze

Wie hältst du's mit der Identität? Die Südtiroler Gretchenfrage, frei nach Goethe, wird bekanntermaßen in drei Sprachen gestellt, aber grundsätzlich von allen Volksgruppen gleich und bestimmt beantwortet: Man hält es zunächst einmal mit sich selbst. Allerdings sind die Bomben zündenden Konfrontationskurse der 1960er Jahre längst verlassen, und im Allgemeinen bestimmt heute ein freundlicher Ton das gesellschaftliche Miteinander. Während also die zaghaften Umarmungen von »Italienern« und »Deutschen« in den letzten Jahren immer enger und heftiger wurden (was auch aus dem Bewusstsein resultiert, in der zuweilen stürmischen italienischen See im selben luxuriösen Boot zu sitzen), geraten die Ladiner als kleinste ethnische Gruppe zunehmend ins Hintertreffen. Ihre Sprache – als wichtigstes identitätsstiftendes Kennzeichen der etwa 30.000 Ladiner – ist auf dem Rückzug, und es wird befürchtet, dass sie in einem polyglotten Europa völlig verschwinden oder zum volkstümlichen Kuriosum verkümmern könnte.

Um zu zeigen, wer die Ladiner sind und welch lange Geschichte ihre eigene ist, wurde im jahrhundertealten Ćiastel de Tor / Schloss Thurn, einem Wahrzeichen des ladinischen Selbstbewusstseins, das Museum Ladin eröffnet.

Das Landesmuseum zeigt in Schautafeln, Modellen und mit archäologischen Fundstücken die Besiedlung der fünf ladinischen Täler (Gadertal, Gröden, Ampez, Buchenstein und Fassa) seit der Steinzeit. Es setzt sich mit bronzezeitlichen Befestigungen ebenso auseinander wie mit der Romanisierung der Dolomiten und reicht schließlich über das Kunsthandwerk der Truhentischler und Holzschnitzer bis in den heute alles bestimmenden Tourismus hinein. Eine Abteilung dokumentiert die ladinische Sprache und die Bemühungen des Priesters Micurà de Rü, in den 1830er Jahren verbindliche Sprachregeln aufzustellen, die in allen fünf Talgemeinschaften gelten sollten.

Adresse Tor 65, 39030 St. Martin in Thurn | **ÖPNV** Bus 460, 462, Haltestelle Abzweigung St. Martin in Thurn | **Anfahrt** A 22, Ausfahrt Brixen-Pustertal auf SS 49 Richtung Pustertal bis St. Lorenzen, abzweigen auf SP 244 nach St. Martin in Thurn oder Ausfahrt Klausen-Gröden, auf SP 29 über Würzjoch bis St. Martin in Thurn | **Öffnungszeiten** Mo, Mi–So 15–19 Uhr | **Tipp** Das Museum »Ursus ladinicus« in St. Kassian zeigt Geschichte und Lebensraum des vor 40.000 Jahren lebenden Höhlenbären an Originalfundstücken und Installationen.

91__Das Würzjoch

Blick auf einen nahen Berg

Natürlich geht es auch hier nicht ohne Roadster, Speedster und alle bekannten Varianten von Motorrädern. Aber im Vergleich zu wesentlich populäreren Passstraßen geht es einigermaßen ruhig zu. Das Würzjoch (2.003 Meter) wurde als Verbindung zwischen Gader- und Villnösser Tal möglicherweise schon von den Römern als Handelsweg genutzt. Früher soll ein von den Ladinern benannter »Crep de la Scritüra«, der »Fels mit der Schrift«, auf diese Vergangenheit hingewiesen haben.

Im Sommer kann man das Würzjoch von beiden Seiten anfahren, im Winter ist meist nur der Weg über das Gadertal möglich. Der Weg über Villnöss aber gehört zu den schönsten in den Dolomiten: Lang gezogen führt die kehrenreiche Straße durch Wälder und zwischen Almwiesen hindurch, immer mit beeindruckenden Ausblicken auf die zur Talseite gelegenen Dolomiten. Der Pass selbst wird nördlich von den Lüsener Bergen und südlich von der gewaltigen Peitlerkofelgruppe eingerahmt. Oben auf dem Pass stehen für gewöhnlich schon all die Autos, Oldtimer und Bikes, über deren Abwesenheit man sich unterwegs gewundert hat. Das Würzjoch ist beliebt. Denn die Passhöhe ist ein idealer Ausgangspunkt zur Besteigung des Peitlerkofels, dem mit 2.875 Metern höchsten Berg der Gruppe. Wanderwege führen über die blumenreichen Peitlerwiesen an den Felsen entlang zur Peitlerscharte (2.357 Meter). Bis hierher kann man relativ gemütlich über Serpentinen hinaufwandern. Erst am Sattel zwischen Großem und Kleinem Peitlerkofel beginnt der steile und drahtseilgesicherte Aufstieg, der eine entsprechende Ausrüstung, Trittsicherheit und Schwindelfreiheit erfordert.

Beliebt ist das Würzjoch aber auch bei Wanderern, deren Ehrgeiz minimal ist. Vom Parkplatz sind es nur wenige Schritte hinauf zum Almgasthof »Ütia de Börz«. Von dessen Terrasse aus hat man einen faszinierenden Panoramablick gegen das steingraue Massiv der beiden Peitlerkofel.

Adresse zwischen St. Andrä und St. Martin in Thurn | **ÖPNV** Bus 341, Haltestelle Zanserhütte, Bus 462, Haltestelle Untermoi, Fußweg | **Anfahrt** A 22, Ausfahrt Brixen-Nord über Brixen auf SP 29, die über das Würzjoch führt | **Öffnungszeiten** Juni–Okt., im Winter nur über das Gadertal erreichbar | **Tipp** Zwischen Untermoi und St. Martin in Thurn liegt in Bad Valdander das 1820 errichtete Badehaus »Bauernbadl«, dessen heilbringende mineralische Quelle noch heute nutzbar ist. Ein modernes Badehaus stammt aus den 1970er Jahren.

92 Der Ronc-Hang

Alles und noch viel mehr

Das Südtiroler Skiass Gustav Thöni in Zahlen: Er gewann viermal die Gesamtwertung des Skiweltcups und 24 Weltcuprennen; in weiteren 45 Rennen stand er auf dem Podest; er wurde viermal Weltmeister und holte bei Olympischen Spielen eine goldene und zwei silberne Medaillen.

Als er am 23. März 1975 in Gröden oberhalb des Ronc-Hangs zu einem letzten und den Weltcup entscheidenden Lauf stand, war er 24 Jahre alt. Es sollte im Frühjahr 1975 der Lauf werden, der sich wie kein anderer Thönis tief in die Annalen des Rennsports einschrieb. Thöni trat gegen die beiden anderen herausragenden Rennfahrer an, die mit ihm dieses Jahrzehnt beherrschen sollten: Franz Klammer (21), der im darauffolgenden Jahr Olympiasieger wurde und den Abfahrtsweltcup fünfmal gewinnen sollte, und Ingemar Stenmark (19), der mit 86 Weltcupsiegen bis heute unangefochten an der Spitze aller Wertungen steht.

Die Entscheidung fiel im sogenannten Paralleltorlauf, also im direkten und für das Publikum sichtbaren Vergleich. In Gröden wurde dieses Spektakel erstmals ausgetragen. Am Ronc-Hang standen 40.000 überhitzte Fans, und ein Millionenpublikum war weltweit über die TV-Sender zugeschaltet. Franz Klammer, Ingemar Stenmark und Gustav Thöni starteten in diese letzte Entscheidung mit jeweils 240 Punkten. Sie alle konnten den Cup also noch für sich entscheiden. Klammer hatte sich bereits im ersten Lauf gegen den Grödner Lokalhelden Helmuth Schmalzl verabschiedet. Stenmark und Thöni trafen schließlich in einer alle Nerven zerreißenden Dramaturgie aufeinander. Sie gewannen jeweils einen Lauf. Punktegleichstand also auch noch vor der allerletzten Möglichkeit, die Sache für sich zu entscheiden. Am viertletzten Tor fädelte Stenmark, was ihm sehr selten passierte, ein.

Die Kristallkugel, die Thöni gewann, steht heute in der schrankgroßen Pokalvitrine in Thönis Hotel in Trafoi.

Adresse Skipiste Saslong, 39046 St. Ulrich in Gröden | **ÖPNV** Bus 350, Haltestelle St. Ulrich | **Anfahrt** A 22, Ausfahrt Klausen / Gröden Richtung Gröden, auf SS 12 bis Waidbruck, dort links auf SS 242 ins Grödner Tal, die Skipisten sind ausgeschildert | **Öffnungszeiten** während der Skisaison | **Tipp** Die »Sella Ronde« besteht aus einer 40 Kilometer langen Skirundtour um das spektakuläre Sellamassiv.

93 Das Trenker-Archiv

Der Kaiser aus St. Ulrich

Es gab einmal eine Zeit, da war er aus den Köpfen und vor allem aus dem deutschen Fernsehen nicht mehr wegzudenken. Damals, in den 1960er Jahren, wurde Luis Trenker zum bekanntesten Südtiroler. In seinem Leben, das 1892 in St. Ulrich im Grödner Tal begonnen hatte, war er schon Architekt, Bergführer, Schauspieler, Regisseur und Schriftsteller gewesen, und nun avancierte er mit seiner Sendung »Luis Trenker erzählt« zum telegenen Märchenonkel. Trenkers Erzählungen aus seinem bewegten Leben waren Lehrstücke des kerngesunden Menschenverstandes. Die waren zwar für Kinder gedacht, begeisterten aber besonders deren Eltern und Großeltern. Trenker stand als vitaler Vertreter seiner Generation im Studio, maßlos optimistisch und meistens atemlos in seinen Sätzen. Er war kein junger, aber zweifellos ein ganzer Kerl, der für jede Frage, die das Leben stellte, eine Antwort und für jede Geschichte die richtige Pointe fand.

Über Trenkers redseligen Fernsehnachmittagen gerieten seine Leistungen für den alpinen Film etwas in Vergessenheit. Mit »Der Berg des Schicksals« hatte seine Karriere 1924 noch in der Stummfilmzeit begonnen. Mit »Berge in Flammen« und »Der Berg ruft« erreichte er ein großes Kinopublikum. Für seinen »Kaiser von Kalifornien« erhielt er 1935 als bester Film den ersten Preis der Biennale in Venedig. Sein enger Tanz mit den Nationalsozialisten wurde später durch einen Tagebucheintrag des Propagandaministers Joseph Goebbels zu Trenkers Gunsten relativiert: »Dieses Schweinsstück hat in Südtirol nicht für uns optiert. – Hinhalten und eines Tages erledigen!«

Trenkers umfangreicher Nachlass war über viele Jahre an den verschiedensten Orten zwischengelagert. Im »Museum Gherdëina« wird er nun dauerhaft ausgestellt und archiviert. Leider fehlen dem Museum die nötigen Gelder, um Trenkers Werk in allen wichtigen Exponaten angemessen zu präsentieren.

Adresse Reziastraße 83, 39046 St. Ulrich in Gröden | ÖPNV Bus 350, Haltestelle St. Ulrich | Anfahrt A 22, Ausfahrt Klausen / Gröden Richtung Gröden auf SS 242, links auf Reziastraße | Öffnungszeiten Sommer Mo – Fr 10 – 12 und 14 – 18 Uhr; Juli und August Mo – Sa 10 – 12 und 14 – 18 Uhr; Winter Di – Fr 10 – 12 und 14 – 18 Uhr | Tipp Die Bäckerei Hofer (seit 1864) im Stadtzentrum bietet Südtiroler Feinkost und Weine in beeindruckender Fülle und Qualität.

94 Das Berggerichtshaus

Kontrollierte Schatzsuche

Zu Beginn des 15. Jahrhunderts, als der Bergbau boomte, erfasste die Tiroler das Erzfieber. Sie kamen aus allen Gesellschaftsschichten, wobei die Adeligen und Geistlichen nicht selbst schürften, sondern andere für sich arbeiten ließen. »Hoffnung baut Bergwerk« lautet ein Bergbauspruch, den vor allem viele Bauern beherzigten. Die meisten gruben nur einige Klafter Stollen; meist blieb ihnen der Reichtum verwehrt, weil sie nicht über genügend finanzielle Mittel verfügten, um weiterzuschürfen, bis sich hinter dem Gestein die Erzadern öffneten. Dass es viele waren, die mit Eisen und Schlägel im Pflerschtal oder am Schneeberg zwischen Passeier und Ridnaun ihr Glück zu finden hofften, bezeugen die Verleih-Bücher jener Zeit, in denen die Namen der Erzsucher registriert sind, die um eine Schürferlaubnis angesucht hatten.

Für solche Genehmigungen war der vom Landesfürsten eingesetzte Bergrichter zuständig, für den erst in Gossensass, später, von 1533 bis 1744, in der Nähe des Zwölferturms in Sterzing eine eigene Behausung angekauft wurde, das Berggerichtshaus. Der Bergrichter erteilte Schürflizenzen, überwachte den Erzabbau, die Einhaltung der Bergwerksordnung, verlieh die Schmelzplätze, kontrollierte die dem Bergbau zugewiesenen Wälder, aber auch die Lebensmittelversorgung der Arbeiterfamilien sowie die Abgaben an den Landesherrn. Kam man den Anordnungen des Bergrichters nicht nach, erhielt man eine Geldstrafe. Wer diese nicht zahlte, dem wurde die rechte Hand abgehackt.

Die Erfolgreichen unter den Schatzsuchern finanzierten sich mit den Erträgen aus dem Bergbau ihre noblen Sterzinger Stadthäuser; ihr Vermögen reichte sogar, um nach einer verheerenden Brandkatastrophe, die 1443 den südlichen Stadtteil zerstört hatte, zwischen 1460 und 1520 den Wiederaufbau zu finanzieren. Deshalb heißt der Altstadtteil, in dem sich das ehemalige Berggerichtshaus befindet, »Neustadt«.

Adresse Neustadt 4, 39049 Sterzing | **ÖPNV** Citybus 316, Haltestelle Untertorplatz oder Kapuzinerkirche | **Anfahrt** Brennerautobahn A 22, Ausfahrt Sterzing, im Kreisverkehr 2. Ausfahrt Deutschhausstraße nehmen, nach rechts abbiegen, um auf der Deutschhausstraße zu bleiben, weiter auf der Gänsbacherstraße bis Neustadt **Tipp** In der Vinothek »vinzenz zum feinen wein«, die sich im Erdgeschoss des ehemaligen Berggerichtshauses befindet, gibt es eine große Auswahl an Südtiroler Weinen, auch von Winzern, die ihren Wein nur in kleiner Auflage produzieren.

95 Das Alexander-Langer-Grab

Grenzgänger

Er war ein Deserteur an der ethnischen Front, ein kluger Politiker, der zeitlebens darüber nachdachte, wie die Koexistenz der verschiedenen Südtiroler Sprachgruppen realisiert werden kann. Seine Vision war »der/die ungeteilte Gesamtsüdtiroler/in«, jener Mensch, der Südtirol als multikulturelles, mehrsprachiges Land akzeptiert und positiv erlebt. Alexander Langer (1946–1995), dessen Vater ein Wiener jüdischer Arzt und dessen Mutter eine Südtiroler Pharmazeutin gewesen waren, fühlte sich, wie er selbst sagte, dem »österreichischen, milden und plurinationalen Adler« mehr verpflichtet als anderen. Es verwundert daher auch nicht, dass er früh vor einem hegemonialen Herrschaftsanspruch der deutschsprachigen Ethnie warnte, der die Italiener und Ladiner in eine Minderheitsposition drängen würde.

Als Jus- und Soziologiestudent sammelte Langer erste politische Erfahrungen in der außerparlamentarischen Gruppe Lotta Continua. Bereits 1978, im Alter von 32 Jahren, wurde er als Vertreter der Neuen Linken in den Südtiroler Landtag gewählt, dem er bis 1989 angehörte. Macht interessierte ihn nicht; er wollte »immer einen Fuß in der Tür halten, damit die Leute *draußen* merken, was *drinnen* vor sich geht, und sich auch besser wehren können«.

Alexander Langer baute die grüne Bewegung in Italien auf; von 1989 bis zu seinem Tod war er als Fraktionsvorsitzender der italienischen Grünen im Europaparlament und engagierte sich vor allem für Frieden, Sicherheitspolitik und Abrüstung. Er glaubte an die Veränderung, war selbstlos bis zur Selbstaufgabe, fühlte sich für jede Menschenrechtsverletzung persönlich zuständig, vergaß keinen Anruf, keinen Geburtstag.

Nachdem er sich am 3. Juli 1995 in einem Olivenhain bei Florenz das Leben genommen hatte, wurde er neben seinen Eltern auf dem Friedhof von Telfes begraben. »Macht weiter, was gut war«, lautet der Schlusssatz seines Abschiedsbriefes.

Adresse Friedhof Telfes, 39049 Sterzing | ÖPNV Bus 315, Haltestelle Obertelfes | Anfahrt Brennerautobahn A 22, Ausfahrt Sterzing, im Kreisverkehr 3. Ausfahrt A 44 / Jaufenstraße nehmen, rechts geht eine kleine Straße nach Telfes ab | Tipp Nordwestlich von Sterzing, an der Straße zum Brenner, liegt der kleine Weiler Tschöfs, wo 1490 der berühmte Bauernführer Michael Gaismair geboren wurde. Er kämpfte für Gleichheit und Gerechtigkeit und sprach sich gegen die weltliche Macht der Kirche und gegen die Privilegien der Adeligen aus.

96 Die Payerhütte

Letzter Halt

Sein Talent als Maler kam Julius von Payer (1842–1915) auch als Kartograph zugute. Der gebürtige Sudetendeutsche, welcher 1866 in der Schlacht bei Custozza im Dritten Italienischen Unabhängigkeitskrieg den Sieg der Österreicher mitverantwortete, war nicht nur ein hervorragender Leutnant, sondern auch ein furchtloser Alpinist. Die Urlaubswochen während seiner Stationierung in Oberitalien nutzte Payer, um verschiedene Alpengipfel zu erkunden, darunter auch den Adamello und das Weißhorn.

1866 unternahm er zusammen mit dem Suldener Bergführer Johann Pinggera eine Expedition auf den Ortler. Dass der Blick von der Spitze an klaren Tagen bis in die Berner Alpen reicht, ist belegt. »Komisch« fand allerdings auch Payer, dass sein Begleiter behauptete, von dort aus den Mailänder Dom gesehen zu haben.

Bereits mit Mitte 20 war Payer ein versierter Hochgebirgserforscher; er hat von 1865 bis 1868 das gesamte Ortlergebiet mit seinen Gletschern und Almenregionen gezeichnet, geowissenschaftliche Beobachtungen angestellt und eine beträchtliche Anzahl von Pässen und Berggipfeln mit Namen versehen. In der Folge wurde er zu Polarexpeditionen eingeladen, doch seine abenteuerlichen Entdeckungen im Franz-Josef-Land wurden von Neidern angezweifelt. Payer konnte zwar aufgrund seiner Eintragungen die Wahrheit beweisen, doch verhinderte man in misstrauischen Offizierskreisen gezielt seine Beförderung zum Hauptmann. Payer zog sich zurück und widmete sich fortan dem Studium der Malerei.

Eine kleine Wiedergutmachung für den ab 1903 in Vergessenheit geratenen Erforscher der Alpenbergwelt und Ostgrönlands ist der Name der extrem exponierten Schutzhütte am Tabarettakamm. Die sogenannte Payerhütte erreicht man über die Normalroute; sie ist auf 3.029 Metern Höhe der letzte Stützpunkt für die Ortlerbesteigung und ein Ziel für all jene Alpinisten, die nicht auf den Gipfel wollen oder können.

Adresse Sulden, 39029 Stilfs | **ÖPNV** Bus 271, Haltestelle Sulden Seilbahn | **Anfahrt** erst SS 40 ab Reschen, dann auf der SS 38, bei Spondinig rechts abzweigen Richtung Prad/ Stilfers Joch, in Gomagoi weiter auf der SS 622 nach Sulden, parken, mit dem Langenstein-Lift von Sulden zur Bergstation, weiter zur Tabarettahütte, über die Bärenkopfscharte zur Payerhütte (Gehzeit 3 bis 4 Stunden) | **Öffnungszeiten** Anfang Juli – Mitte Sept. | **Tipp** Das Messner Mountain Museum in Sulden ist dem Thema Eis gewidmet und zeigt großartige Bilder vom Ortler, Südtirols mächtigstem Gletschergipfel.

97 Der Pichler-Obelisk

Am End' der Welt

Es ging dem Josef Pichler nicht allein ums Geld. Er wollte, in seinen eigenen Worten, auch »den Ortler packen«. Das war noch niemandem gelungen. Aber dass man mit Geld auch Wege ebnet, die als unbegehbar gelten, wussten auch der Bergoffizier und Topograph Dr. Gebhard und sein Dienstherr, der bergfreudige Erzherzog Johann von Österreich. Als sich im Sommer 1804 niemand in Sulden fand, der auf den »höchsten Spitz im ganzen Land Tyrol« steigen wollte, warf Dr. Gebhard den Inhalt seiner gut gefüllten Reisekasse auf den Wirtshaustisch.

Am 27. September, vormittags gegen 11 Uhr, stand Josef Pichler, ein im ganzen Vinschgau bekannter Gamsjäger aus St. Leonhard in Passeier, als erster Mensch auf dem Gipfel des Ortlers. Nach nur vier Minuten, in denen bereits seine Füße zu erfrieren begannen, machte er sich mit seinen Begleitern, den Bergsteigern Klausner und Leitner aus dem Zillertal, wieder auf den Rückweg.

Pichler hatte den Aufstieg von Trafoi aus unternommen, über den Ferner, den die Leute »das End' der Welt« nannten, und oben auf dem höchsten Punkt hatte er das Barometer fixiert: Der Luftdruck lag bei 194 im Vergleich zu 300 unten im Tal. Er war also auch für die unten im Tal Gebliebenen tatsächlich auf dem Gipfel gewesen. »Der Pichler ist ein lieber, guter Mensch«, telegrafierte der glückselige Dr. Gebhard an den Erzherzog. Ein Jahr später, am 30. August 1805, zog Pichler den Topographen selbst auf die vergletscherte Spitze des Ortlers.

Pichler machte nicht viele Worte. Er schrieb, da er Analphabet war, auch nichts auf. Überliefert ist aber, dass er ohne Seil und Eispickel die Wände und Spalten überwand wie eine Gams. So wie ihn, versicherten seine Begleiter, hätten sie noch nie einen Menschen klettern sehen. An das die ganze Monarchie in freudige Erregung versetzende Ereignis erinnert noch heute der Obelisk hinter der Kehre 21 an der Stilfser-Joch-Straße.

Adresse Stilfser-Joch-Straße, 39029 Stilfs | **ÖPNV** Bus 271, Haltestelle Trafoi | **Anfahrt** erst SS 40 ab Reschen, dann auf der SS 38, bei Spondinig rechts abzweigen auf SS 38 (Stilfser-Joch-Straße) | **Tipp** Das Grab Pichlers befindet sich auf dem malerischen Friedhof in Schluderns bei der Kirche St. Katharina.

98__Die Kegelbahn

Aus gutem Holz

Es gibt Tage, da wünscht man sich nichts anderes, und im dezidiert Einfachen erkennt man umgehend das eigene Glück. Die Bänke sind hart, die Tische vom Wetter gezeichnet, und der Wein ist noch jung. Die Speisen haben diesen attraktiven Jausen-Charme, für den man auch in der Gluthitze des Sommers durch die Obstwiesen hochwandert. Manche Wanderer plumpsen vor dem Schmiedlhof befreit ins Gras, als seien sie sich endlich entkommen.

Der Blick von hier, in 867 Metern Höhe, scheint endlos über das Tal zu gehen bis zum Rosengarten, der entfernt im leichten Dunst liegt. Der Schmiedlhof ist das klassische Ausflugsziel. Man möchte hoch hinaus, und notfalls kann man mit dem Auto auch direkt bis vor die Tür fahren. Kinder dürfen hier fast alles. Die meisten Eltern zeigen sich freundlich nachgiebig oder abwesend, was an besonders schönen Nachmittagen für eine gewisse Jahrmarktstimmung sorgt. Das liegt auch an der eigentlichen Attraktion des Schmiedlhofs – der Kegelbahn.

Früher hatte jeder Dorfgasthof eine solche holzüberdachte Kegelbahn (gekegelt wurde ausnahmslos im Freien), deren Dellen und Unebenheiten man kennen musste, um halbwegs erfolgreich im Rennen zu bleiben. Diese Bahnen waren einfach und laut, außerordentlich robust gebaut wegen der alkoholbedingten Fehlwürfe, und die Kegel mussten händisch wiederaufgestellt werden. Im Schmiedlhof ist das noch immer so. Heute haben diese Bahnen einen antiquarischen Seltenheitswert, denn die modernen Zeiten, in denen der Wettkampf und weniger das Vergnügen eine Rolle spielt, fordern objektive und gelenkschonende Wettbewerbsbedingungen. Seit dem 12. Jahrhundert wird nachweislich auch im Alpenraum gekegelt. Das Kegeln artete gelegentlich so aus, dass es von Kirche und König immer wieder verboten wurde. Im Schmiedlhof hat es sich als harmloses Spiel auf einer der letzten historischen Bahnen erhalten.

Adresse Grissian 6, 39010 Tisens | ÖPNV Bus 248, Haltestelle Prissian, Fußweg | Anfahrt MeBo SS 38, Ausfahrt Nals, über Nalser Straße nach Prissian, Abzweigung links nach Grissian | Öffnungszeiten Mo, Mi–So durchgehend ab 10 Uhr, Di und letzte Woche im Juni sowie erste Woche im Juli geschlossen | Tipp Das Restaurant Apollonia in Sirmian oberhalb von Nals verfügt über eine lange Küchentradition und schöne neue Gasträume und bietet traditionelle und innovative Südtiroler Küche (Di–So ab 11.30 Uhr).

99_Der St.-Hippolyt-Hügel

Herausragend

Fundstücke wie Jagd- und Kriegswaffen sowie Knochen von Schafen, Rindern und Schweinen bezeugen, dass die Gegend bereits 2000 bis 1800 vor Christus besiedelt war und auch in der Folge aufgrund ihrer gut zu verteidigenden Lage über Jahrtausende bewohnt blieb. Mit seinen 758 Metern Meereshöhe liegt der Hügel weit genug vom ehemals versumpften Tal entfernt und hat das geschützte und fruchtbare Mittelgebirgsland von Tisens und Völlan im Rücken. Auf der Etschtalseite wurden jungsteinzeitliche Schalensteine entdeckt. Sie lassen darauf schließen, dass der Ort einmal als heidnischer Kultplatz diente, lange bevor man das romanische Kirchlein im Jahr 1340 gebaut hatte, welches dem römischen Soldatenheiligen Sankt Hippolyt geweiht ist. Hippolytos (der Pferdebändiger) wurde von Pferden zu Tode geschleift.

Die jungen Liebespaare, die sich gern hierher zurückziehen, interessieren sich vermutlich nicht für den grausamen Märtyrertod des Heiligen und wissen auch nichts von der Geschichte dieses Hügels; zumindest erwecken sie den Anschein, aus der Zeit gefallen zu sein. Wahrscheinlich macht das den Reiz dieses Ortes aus: sich an einem der ältesten Siedlungsgebiete Südtirols den Zukunftsträumen hinzugeben.

In der »Königsloge des Burggrafenamts«, wie der Ort von dem Alpinisten Gunther Langes einmal genannt wurde, ist die Aussicht naturgemäß die beste. Auch wenn anzunehmen ist, dass die Liebenden vor allem sich selbst sehen, so bleiben die Schönheit dieser nur wenig bewachsenen Landschaft und das Panorama, das sich von der Meraner Texelgruppe über den Tschögglberg bis nach Bozen erstreckt, nicht unbemerkt. Vielleicht ist es die ausgesetzte Lage dieses Felsenhügels, welche einem das Gefühl der Leichtigkeit vermittelt, das ohne das Wissen der Bedrohung nicht zu haben ist. Zieht ein Gewitter auf, sollte man den Ort schleunigst verlassen, denn auch die Blitze mögen das Herausragende.

Adresse Naraun, 39010 Tisens | **ÖPNV** Bus 246, 248, Haltestelle Naraun | **Anfahrt** MeBo SS 38, Abzweigung Lana, Richtung Oberlana/Zentrum, SS 238 Gampenpassstraße bis Naraun, 50 Meter nach dem Tunnel rechts parken, von dort der Wegmarkierung 5 folgen, Gehzeit maximal 30 Minuten | **Öffnungszeiten** ganzjährig, Kirche: April–Okt. Mi 14.30–17 Uhr, Kontakt unter Tel. 0039/0473/920822 | **Tipp** Herausragend ist auch das Restaurant »Zum Löwen« im Dorfzentrum von Tisens. Dort kocht Südtirols Spitzenköchin Anna Matscher.

100_Der Versoaln

Wein aus alten Hölzern

Warum er so heißt, weiß niemand mehr genau. Der Name könnte sich von einem Flurnamen ableiten oder auch von dem Wunsch, ihn ursprünglich im französischen Versailles zu verorten und ihn aufgrund seines hohen Alters als den letzten Nachkommen der Weingärten des legendären Sonnenkönigs Ludwigs XIV. zu betrachten. Eine wissenschaftliche Untersuchung bestimmte sein Alter schließlich auf gute 350 Jahre, womit er neben der Stara Trta (einer Žametovka-Rebe) in Slowenien einer der ältesten Weinstöcke der Welt sein dürfte. Auch wenn die Stara Trta ein paar Jahre mehr auf dem rissigen Weinholz hat, so ist der Versoaln zweifellos viel schöner, wohlschmeckender und auch beeindruckender. Sein von Pergeln gestütztes Laubdach bedeckt immerhin mehr als 300 Quadratmeter.

Und der alte Stock treibt noch immer verblüffend jung aus, in einem satten, makellosen Grün. Am Ende seiner jährlichen Reife gibt es dann ein paar hundert Flaschen Weißwein, fruchtig, mit leichter Säure und aufgrund der besonderen Bodenverhältnisse mineralisch fein strukturiert. Die einzelnen Flaschen sind alle sehr begehrt und entsprechend nummeriert.

Der Versoaln, der früher nur erstaunlich alt war und ebenso wenig Beachtung fand wie die Urrebe von Margreid, ist heute Kult. Deshalb werden Blüte und Ernte gefeiert wie sonst nur die Geburten von Thronfolgern oder seinerzeit die Niederkunft der Herrschaften von Castel Katzenzungen, vor dessen Mauern der alte Freund rankt. Diese beiden Ereignisse sind mittlerweile fester Bestandteil der lokalen Eventkultur geworden und werden mit entsprechend folkloristischem Aufwand zelebriert.

Wer also unter dem Blattwerk des Versoaln über Schönheit und Alter, Würde und Ertrag des Versoaln und vielleicht auch der eigenen Person sinnieren möchte oder über die hervorragende Entwicklung der Südtiroler Weinkultur im Allgemeinen, sollte das außerhalb dieser Festzeiten tun.

Adresse Prissian 11, 39010 Tisens | **ÖPNV** Bus 248, Haltestelle Prissian | **Anfahrt** MeBo SS 38, Ausfahrt Nals, über Nalser Straße bis Prissian | **Tipp** Schloss Fahlburg in Prissian zählt zu den schönsten Renaissanceschlössern des Landes und wird heute auch als Restaurant und für kulturelle Veranstaltungen genutzt.

101 Das Kriegerdenkmal

Vom »sauberen« Soldatentum

Als wäre der heiligen Maria der Leichnam ihres Sohnes in den Schoß gelegt worden – mitten auf dem zentralen Dorfplatz steht eine Bronzeskulptur von Hans Plangger, die jedoch nicht, wie bei einer christlichen Pietà-Darstellung üblich, die Mater Dolorosa und Jesus zeigt, sondern einen Soldaten, der seinen sterbenden oder bereits toten Kameraden in den Armen hält. Auf der Granitsteinwand dahinter sind die Namen der gefallenen Traminer der beiden Weltkriege aufgelistet.

Birkenkreuze mit Stahlhelm, Eiserne Kreuze und eine der Denkmalumzäunung dienende Kette, welche die verschiedenen Waffengattungen symbolisiert, deuten darauf hin, dass hier nationalsozialistische Symbole bewusst mit der Ikonographie der Passion Christi verbunden werden. Die beiden Uniform tragenden, überlebensgroßen Wehrmachtssoldaten wirken heroisch; die kräftig gebauten Männer, die keinerlei Zeichen einer Verwundung aufweisen, stehen für Kameradschaft, für einen heldenhaften Kampf.

In fast allen Gemeinden Südtirols finden sich ähnliche Kriegerdenkmäler. Meist verklären sie die Vergangenheit und verherrlichen den Krieg unter Ausblendung des Holocaust. Bis heute huldigen Frontkämpfer- und Kriegsopferverbände »ihren« toten Weltkriegshelden durch Kranzniederlegungen und Ehrwachen, gleichzeitig verschweigen diese Verbände in ihren Gedenkfeiern und ritualisierten militärischen Manifestationen die anderen Opfer des nationalsozialistischen Terrorregimes: Juden, Sinti und Roma, Homosexuelle, Deserteure und Widerstandskämpfer.

In der Ästhetik dieser Denkmäler mit ihrem Gefallenenkult und der Interpretation des Zweiten Weltkriegs als Heimatverteidigungskrieg wird dem sinnlosen und trostlosen Tod auf dem Schlachtfeld im Nachhinein heroisch-militärischer Opferwille und treue Pflichterfüllung attestiert, aber niemals nachgefragt, welcher Art die Heldentaten und soldatischen Tugenden denn nun wirklich waren …

Adresse Hauptplatz, 39040 Tramin | **ÖPNV** Bus 122, Haltestelle Tramin Zentrum | **Anfahrt** Brennerautobahn A22, Ausfahrt Bozen-Süd, MeBo SS38 Richtung Meran, Ausfahrt Eppan/Kaltern, erst der SS42, dann der Weinstraße SP14 bis Tramin-Dorfzentrum folgen | **Tipp** Im Verkaufsraum der Önothek der Weinkellerei Tramin, deren skulpturale Hülle an Rebenranken erinnert (Architekt: Werner Tscholl), hat man einen grandiosen Blick auf die Weinberge. Deren Erträge werden in der tiefer liegenden Kellerei zu edlen Tropfen verarbeitet.

102 Die »Miil« des Kränzelhofs

Gesamtkunstwerk

Für großzügige Landschaftsskulpturen à la Richard Long fehlt in den Gärten des Kränzelhofs der Platz. Longs Maxime »Walking as art« ist hier eher einem »Meditation as art« gewichen. Wohl als Kontrast zu den in strengen Reihen gezogenen Rebstöcken hat Franz Graf von Pfeil im August 2006 je ein Hecken-, Boden- und Rebenlabyrinth anlegen lassen. Zur »lebenden Installation«, wie der Graf seinen Labyrinthgarten bezeichnet, wurden nach und nach auf dem zwei Hektar großen Grundstück weitere Kunstwerke und Meditationsorte hinzugefügt, die sich thematisch mit Geburt, Leben und Tod befassen.

Der Ansitz Kränzelhof ist zweifellos einer der schönsten im Burggrafenamt, urkundlich wird er bereits 1350 erwähnt. Von der ehemaligen Ringmauer sind nur noch einzelne Hoftore erhalten – man könnte meinen, auch sie sind Teil der Kunstinstallationen. Im Keller des Kränzelhofs hat man eine Presse aus der Gotik gefunden. Diese uralte Tradition, ja, Kunst des Kelterns wird am Kränzelhof ohne den Einsatz von Kunstdünger fortgesetzt, während in der geschmackvoll restaurierten Getreidemühle, in der »Miil« – wie die Südtiroler sie nennen – »Cooking as art« angesagt ist.

Der Koch Othmar Raich hat schon als kleines Kind viel Zeit in der Küche seiner Mutter verbracht. Letztere bezeichnet er als seine beste Lehrmeisterin, obwohl er bei Heinz Winkler in Aschau im Chiemgau und in einigen anderen renommierten Betrieben gelernt hat. Raich schafft es, einen Bogen zwischen moderner und traditioneller Küche zu spannen. Aus deutscher Perfektion, italienischer Kreativität und Lockerheit sowie ausgesuchten saisonalen Produkten entstehen Gerichte wie Wildkräutersalat mit pochiertem Landei, hausgeräucherter Speck und Ultner Bauernbrot, einheimisches Ziegenkitz mit Bärlauchknödel und Morchelsauce sowie Apfelstrudel »Miil«. Kunst und Kulinarik, Vegetation und Tradition – Kränzelhof as synthesis of the arts!

Adresse Gampenstraße 1, 39010 Tscherms | **ÖPNV** von Bahnhof Meran Bus 211, Haltestelle Tscherms | **Anfahrt** MeBo S 38, Ausfahrt Lana/Industriezone, Richtung Lana fahren, der M.-Valier-Straße folgen, beim ersten Kreisverkehr 1. Ausfahrt Richtung Meran nehmen. Das Restaurant liegt auf der SS 238 an der Ortsausfahrt Lana auf der linken Seite. | **Öffnungszeiten** Di–Sa 12–14 und 18.30–21.30 Uhr | **Tipp** Auf dem autofreien Vigiljoch steht heute das von Architekt Matteo Thun neu entworfene Fünf-Sterne-Hotel vigilius mountain resort.

103 Das Mitterbad

Die Welt von gestern

Die Mineralquelle des Mitterbades half gegen fast alles: gegen Blutarmut, Knochenerweichung, Hautkrankheiten, Gicht, Verdauungsstörungen, Schlaflosigkeit und gegen Unfruchtbarkeit. »Gehst du allein nach Mitterbad, gehst du zu zweit wieder fort«, hieß es im Volksmund. Dass hie und da der Bademeister für die Erfüllung des Kinderwunsches gesorgt hatte, war ein offenes Geheimnis.

Heinrich und Thomas Mann kamen freilich aus anderen Gründen ins inzwischen verfallene Mitterbad. Thomas Mann veranlassten Zahnschmerzen und Magenbeschwerden, dem Rat seines Bruders zu folgen und im Juli 1901 ins Ultental zu reisen. Möglicherweise waren die gesundheitlichen Probleme der Fertigstellung des Romans »Buddenbrooks« geschuldet. Die Kuranstalt, schrieb Thomas Mann, liege ganz einsam inmitten einer wirklich prachtvollen Berglandschaft, man führe das rationellste und auffrischendste Leben, das sich denken lasse. Für die bessere Gesellschaft gab es Wannen I. Klasse aus Marmor, die minderen Leute mussten mit hölzernen Badetrögen II. Klasse vorliebnehmen. Gelegentlich erschreckte man junge Damen, indem man ihnen frisch gefangene Falschauerforellen in die Wannen tat. Zur allgemeinen Unterhaltung trugen Speise- und Tanzsäle, ein Kaffeehaus sowie eine Kegelbahn und ein Schießstand bei.

Berühmt wurde das Bad jedoch nicht durch den Besuch der Schriftsteller, sondern durch eine tragische Liebesromanze. Otto von Bismarck hatte sich Anfang der vierziger Jahre des 19. Jahrhunderts in die schöne Badwirtstochter Josepha Holzner verliebt. Als er den Kurbadbesitzer um deren Hand bat, erhielt der Fürst eine abschlägige Antwort, weil er kein Katholik war. Josepha heiratete wenig später einen Salzburger Beamten, starb aber mit 38 Jahren angeblich an gebrochenem Herzen. Auf ihrem frischen Grab lag ein Kranz aus Rosen mit einer beschrifteten Schleife: »Meiner unvergessenen Josepha. O.v.B.«

Adresse St. Pankraz, 39016 Ulten | **ÖPNV** Bus 245, Haltestelle Bad Lad | **Anfahrt** MeBo SS 38, Ausfahrt Industriezone Lana/Sinich, Richtung Lana-Zentrum fahren, beim zweiten Kreisverkehr die 1. Ausfahrt rechts nehmen und ins Ultental abbiegen, nach St. Pankraz und nach Bad Lad links Richtung Mitterbad und Buchen abbiegen | **Tipp** In der Nähe von St. Gertraud, dem letzten Dorf des Ultentals, stehen drei Urlärchen; man schätzt ihr Alter auf 2.000 Jahre. Witterung und Lebenszeit haben den Bäumen zugesetzt, aber sie treiben dennoch jedes Frühjahr neu aus und gelten als die ältesten Nadelbäume Europas.

104 Das Mohnfeld

Keine Drogen!

Als es noch keine Herbizide gab, blühte der Mohn scharlachrot mitten in den Getreidefeldern. Heute sieht man ihn vereinzelt auf Schuttplätzen oder auf Bahngeländen – ganze Mohnfelder sind eine Seltenheit, denn der Anbau von Mohn ist gesetzlich verboten.

Mohn galt schon den Griechen als heilige Pflanze. Man wusste früh, welche Wirkungen der getrocknete Milchsaft der angeritzten Kapseln entfalten konnte. Theokrit erzählt, dass Aphrodite über den Tod ihres Adonis verzweifelte Tränen vergoss, aus denen die Mohnpflanze wuchs. Im Mohn fand sie schließlich Vergessen, sodass sie sich schon bald in Anchises verliebte. Mohn ist nicht nur ein probates Mittel gegen Liebesleid. Seine Alkaloide erzeugen Träume, entspannen, narkotisieren und fördern die Potenz. Um Kleinkinder zu beruhigen, steckte man ihnen schon mal einen Mohnschnuller in den Mund …

Im Ultental verfügen einige Bergbauern über eine Sondergenehmigung zum Mohnanbau, so auch die Besitzer des Häuselerhofs oberhalb von St. Walburg. Er dient ihnen als Rohstoff für die vielen Süßspeisen, die vor allem zu kirchlichen Feiertagen und für Hochzeiten zubereitet werden. Berühmt sind die in Öl gebackenen Mohnkrapfen, um die in Hungerszeiten die Bäuerinnen von sogenannten »Krapfenlotterern« angebettelt wurden: »Ich bitt um ein Krapfl, bin ein armes Zapfl, oder um ein Löffelchen voll Füll, dann bin ich sofort still!«

Zu den prägenden Geschmackserinnerungen älterer Südtiroler Gourmets gehört der »strudel di papavero al formaggio«, Mohnstrudel mit Parmesan, für den der Piemonteser Koch Giancarlo Godio 1977 in Marostica den »Goldenen Löffel« erhielt. Godio war einer der ersten Starköche Südtirols, der mit Ehrenplaketten, Michelin-Stern und Golddiplomen ausgezeichnet wurde. Er stürzte 1994 in einem Kleinflugzeug ab. Der Ultner Mohn war fester Bestandteil seines Restaurants in Weißbrunn, sein Mohnsoufflé eine Delikatesse.

Adresse Innerdurach 141, 39016 Ulten | **ÖPNV** Bus 245, Haltestelle St. Walburg | **Anfahrt** MeBo SS 38, Ausfahrt Industriezone Lana/Sinich, Richtung Lana-Zentrum fahren, beim zweiten Kreisverkehr die 1. Ausfahrt rechts nehmen und ins Ultental abbiegen, beim Parkplatz vor dem Ortskern St. Walburg rechts abbiegen und der Beschilderung bis zum Haus Bergfried folgen, dort links abbiegen, Häuselerhof nach 1,5 Kilometern | **Öffnungszeiten** Blütezeit circa Mitte Juli | **Tipp** An das Café Ultun im Ortskern von St. Walburg ist eine Bäckerei angeschlossen, in der es neben ausgezeichneten Konditoreiwaren das bekannte, nach alten Rezepturen hergestellte Ultner Brot zu kaufen gibt.

105 Der Türkenturm

Unterm Halbmond

Wie ausgerechnet der türkische Halbmond in eine blecherne Wetterfahne des christlichen Klosters Neustift kam und dort bis heute unangetastet im Wind blieb, weiß auch Urban von Klebelsberg nicht. Der Verwalter des Klosters vermutet einen vorsichtigen Pragmatismus (»Türken sind hier durchaus willkommen.«) oder eine List (»Bitte weiterziehen! Wir sind schon besetzt!«), schließt aber auch ein übertriebenes monastisches Selbstbewusstsein nicht aus (»Mehr als diesen mickrigen Turm kriegt ihr von uns nie, ihr Heiden.«). Der Halbmond könnte also ein doppeldeutiges Zeichen an die Spähtrupps der Osmanen gewesen sein, die im 15. Jahrhundert vielleicht bis ins Eisacktal vorgestoßen waren.

Auf der anderen Seite der Berge verbreiteten die Türken in Kärnten bereits Angst und Schrecken, und unter Propst Lukas von Harber wurden das Kloster und die außerhalb der Mauern liegende Pilgerkapelle, die spätere Engelsburg, vorsichtshalber befestigt: »... um ihnen unsere Leute und deren Gut wenigstens nicht gleich überlassen zu müssen.«

Ob der Halbmond vom Klosterschmied allerdings bereits bei der ersten Türkengefahr aus dem Blech getrieben wurde oder erst während des Großen Türkenkrieges (1683–1699), steht nicht fest. Damals standen die Türken zum zweiten Mal vor und bedenklicherweise auch unter Wien. Ihre Mineure hatten sich fast bis zum Stephansplatz im Zentrum vorgegraben und drohten, die Stadt mit ein paar Tonnen Schwarzpulver in die Luft zu jagen. Wäre nicht im allerletzten Moment der polnische König Jan III. Sobieski, der Heerführer der »Katholischen Allianz«, mit seinen 12.000 gepanzerten Reitern im Rücken der Armee des Großwesirs erschienen, wäre schon damals das Habsburgerreich untergegangen – und mit ihm seine christlichen Klöster. Vielleicht rechneten die Augustiner-Chorherren von Neustift damit und versuchten rechtzeitig einen vorsichtigen Seitenwechsel.

Adresse Kloster Neustift, Stiftstraße 1, 39040 Vahrn | **ÖPNV** Citybus 320.2, Haltestelle Neustift | **Anfahrt** A 22, Ausfahrt Brixen / Pustertal, Richtung Brixen-Zentrum über Brennerstraße, in Vahrn Abzweigung nach Kloster Neustift | **Tipp** Die herausragenden »Praepositus«-Weine des Klosters gibt es im Klosterladen neben der Engelsburg direkt zu kaufen.

106 Der Friedhof

Blick zurück nach vorn

Menschen haben sich zu allen Zeiten und in allen Kulturen darüber Gedanken gemacht, wie man den Übergang vom vertrauten Diesseits in ein unbekanntes Jenseits gestalten könnte. Davon ausgehend, dass es auf der anderen Seite auf jeden Fall weitergehen würde, wurden besondere Riten und Bestattungsformen entwickelt. Zu ihrer letzten Reise wurden die Verstorbenen manchmal mit allerlei Hausrat für einen längeren Aufenthalt im Reich der Toten ausgestattet. Oder man gab ihnen Souvenirs mit, die sie an die schöne Welt über ihnen erinnern sollten. Man bettete sie so, dass sie bis zum Jüngsten Tag in bequemer Stellung liegen konnten, um dann das Licht der ewigen Morgenröte zu sehen. Sie wurden sitzend, stehend und liegend bestattet und ihre Gräber mit Steinen, Stelen und Kreuzen versehen.

In Villanders stehen diese Kreuze allerdings verkehrt herum. Zunächst ist man irritiert: Die Gräber befinden sich hinter den Kreuzen, also nicht die Kreuze, sondern die Gräber und ihre Toten liegen eventuell falsch. Aber auch die Kreuze stehen nicht ganz richtig, zwar an der richtigen Stelle, aber die Inschriften zeigen nach hinten. Für die Ankommenden, die den Friedhof betreten, aber nach vorn. Niemand weiß, warum.

In der gesamten Christenheit gibt es nichts, was diesem Friedhof ähnlich wäre. Diese Besonderheit scheint so alt zu sein, dass die Ersten, die so bestattet wurden, dieses Geheimnis mit ins Grab nahmen. Es wird vermutet, dass die Ursprünge dieser rätselhaften Anordnung in Zeiten zurückreichen, als die christgläubigen und südlichen Tiroler noch als heidnische Etrusker und Kelten im Eisacktal unterwegs waren. Man kann, da man nichts Genaues weiß, natürlich vieles annehmen: Vielleicht liegt die Anordnung der Kreuze an der manchmal verkehrten Welt hier oben oder auch daran, dass manche Südtiroler zu Lebzeiten ganz gern auf dem Kopf gegangen wären.

Adresse Pfarrkirche St. Stephan, 39040 Villanders | **ÖPNV** Bus 345, Haltestelle Villanders | **Anfahrt** A 22, Ausfahrt Klausen-Gröden, über die Brücke auf SP 74 (Brennerstraße) Richtung Klausen, hinter Klausen rechts ab nach Villanders, Friedhof im Ortskern bei St. Stephan | **Tipp** Der Ansitz Zum Steinbock in der Nähe der Kirche wird seit über 400 Jahren gastwirtschaftlich genutzt und verfügt über holzgetäfelte Stuben aus dem 16. Jahrhundert sowie eine fantastische Terrasse mit Blick ins Eisacktal.

107 Das Restaurant Pitzock

Das ganze Schaf!

Man muss schon sehr fasziniert sein vom Villnösser Brillenschaf, um es in all seinen Einzelheiten so zuzubereiten wie der experimentierfreudige Oskar Messner. Die Feinabstufungen seiner »Variationen vom Brillenschaf« zergehen einem unmittelbar auf der Zunge, und man erfährt sofort die geschmackliche Komplexität, die in den Schafen und in Messners Küche steckt.

Diese Schafe sind ein kulinarischer Glücksfall. Gezüchtet wurden sie aus verschiedenen Schafrassen, die früher durchs Land zogen, aus zurückgebliebenen gewissermaßen, die nicht mehr zu ihren Herden fanden, und solchen, die den beschwerlichen Weg über die Berge in ihre Täler nach Kärnten oder Graubünden scheuten. Gekreuzt wurden sie mit Südtiroler Landschlägen, die sehr hübsch, robust und eigenwillig gewesen sein sollen.

Es sind die besonderen Nuancen, die im »Pitzock« auffallen: Eine delikate Schafslebercreme mit in Akazienhonig gedünsteter Birne; der geschmacksintensive Schafsbauch am Spieß, dünn und knusprig wie in der asiatischen Küche; die Innereien, als Lammbeuschel zubereitet, mit einem buttrigen Kartoffelschaum. Diese kleinen Appetitlichter, die unerwartet hell über dem Tisch leuchten, sind die Ouvertüre zu Messners Menü. Man möchte mehr, vielleicht auch alles, denn Messner verarbeitet das ganze Schaf und lässt nichts aus.

Wenn's richtig schmeckt, neigt man immer zu Übertreibungen. Gefördert werden die während eines langen Abends auch von Lammfilet, das in einem wacholdergeräucherten Schinken auf den Punkt gebracht wurde, aber ebenso – um sich vom Schaf auf andere Teller zu entfernen – vom leicht gesalzenen Bachsaibling, auf Zirbenholz gegart, mit Villnösser Gemüse. Messner lässt die Küche am liebsten im Tal. Das Gemüse bezieht er deshalb von nahen Höfen, die Kräuter pflanzt er im eigenen Garten, und die wenigen guten Weine, die im nördlichen Villnöß wachsen, hat er alle auf seiner gut komponierten Karte.

Adresse St. Peter 106, 39040 Villnöß | **ÖPNV** Bus 340, Haltestelle St. Peter-Pitzock | **Anfahrt** A 22, Ausfahrt Klausen-Gröden Richtung Villnöß bis St. Peter | **Öffnungszeiten** Mo, Di, Do–So 12–14 und 18–21 Uhr; Bar/Café 8–24 Uhr | **Tipp** Auf dem Friedhof der barocken Pfarrkirche St. Peter und Paulus befinden sich an der Kirchmauer die Gräber der Eltern und die zweier Brüder des Bergsteigers Reinhold Messner.

108 Der Völser Weiher

Seelenland

Hier saß er, der Laryngologe und Schriftsteller aus der Wiener Leopoldstadt, und schrieb mit Blick auf den Schlern und den vorgelagerten Santner an einem seiner bekanntesten Theaterstücke »Das weite Land«. Das Gasthaus Völser Weiher sah vermutlich im Sommer 1908 nicht anders aus als heute, und es ist anzunehmen, dass auch der schmale Holzsteg, an dem mehrere Ruderboote befestigt sind, zu Arthur Schnitzlers Zeiten bereits existierte. Der von einer konstanten Wasserader gespeiste Waldsee ist noch immer von Seerosen bedeckt, obwohl er wegen des kühlenden Bergwassers an heißen Sommertagen unzählige Badegäste anlockt. Seine Rettung ist der durch Röhricht abgeteilte östliche Seeteil, ein Biotop, das unter Badeverbot steht.

Am erfrischenden Nass war der berühmte Dramatiker wohl weniger interessiert gewesen, eher war es »das Geheimnis der Höhen und Fernen«, das an seine Seele griff, wie er bereits in seinen Kindheitserinnerungen seine lebenslange Beziehung zu den Bergen beschrieb. In »Das weite Land« hat Schnitzler in der Rolle des zynischen Frauenverbrauchers Friedrich Hofreiter seinen Jugendfreund Louis Friedmann verewigt, welcher als früher Alpinist die Berge der Monarchie erschlossen hatte.

Die Tragikkomödie, deren dritter Akt in einem fiktiven Hotel am Völser Weiher spielt, ist ein auf den Glühbirnenfabrikanten Hofreiter zugeschnittenes großbürgerliches Gesellschaftsspiel, das von Liebessehnsucht und passioniertem Bergsteigen bestimmt ist. Der Bonvivant erfüllt sich jede Leidenschaft, selbst wenn sie kurz ist wie ein Gipfelrausch auf dem Aignerturm.

Am Ende fürchtet Hofreiter nach seinem Höhenflug nichts mehr als die Selbsterkenntnis, den Blick in das »weite Land« der Seele. Vor der massiven Kletterwand des Aigners vulgo Santners wirken all die sich im Dschungel ihrer Gefühle verfangenden Schnitzlerfiguren mit ihrem Hang zum Verrat erbärmlich winzig.

Adresse Weiherstraße, 39050 Völs am Schlern | **ÖPNV** Bus 170, Haltestelle Völs am Schlern | **Anfahrt** Brennerautobahn A 22, Ausfahrt Bozen-Nord, Richtung Brenner fahren, nach Blumau im Tunnel links nach Völs/Kastelruth abbiegen, an Völs vorbei Richtung Seis fahren, am Dorfende von Völs rechts Abzweigung Weiher | **Tipp** Zu Schloss Prösels, einer Mischung aus hochmittelalterlicher Burg und Renaissanceresidenz, gehört ein Pulverturm, von dem aus man eine wunderbare Aussicht auf den Schlern und die Völser Umgebung hat.

109_Das »Knottnkino«

Stummfilm

Der schottische Künstler Douglas Gordon wurde bekannt, weil er Filme wie Hitchcocks »Psycho« auf eine Dauer von vielen Stunden, ja Jahren ausgedehnt hat. Wer sich ins »Knottnkino« (»Felsenkino«) setzt und seinen Blick vom Rotsteinkogel in die Landschaft wandern lässt, den erwartet ein nahezu stillstehender Naturfilm. Diese extreme Form der Verlangsamung, die höchstens von schnell ziehenden Wolken, vom Lichtwechsel oder dem regen Flugverkehr über Südtirol durchbrochen wird, bietet den Zuschauern mindestens ebenso viele Überraschungen wie die künstlerische Verfremdung der Kino-Ikonen durch Gordon. Im Gegensatz zu dessen Videoarbeiten, die nur einen Bildausschnitt bieten, kann der Betrachter hier, vom Hochplateau des Tschögglbergs aus, einen Rundum-Film genießen, der die Meraner Texelgruppe, die Gipfel der Ötztaler Alpen, das Etschtal, den Penegal, das Weißhorn und die Dolomiten zeigt.

Die Idee zum »Knottnkino« stammt von Franz Messner, einem Südtiroler Kunstschmied, der auf einem Bergbauernhof auf dem Ritten groß geworden ist. Es sind 30 Sessel aus rostfreiem Stahl und Kastanienholz, die der Künstler in 1.465 Metern Meereshöhe installieren ließ.

Zurück in der Talsohle, sticht einem auf dem Weg nach Bozen noch eine andere Arbeit Messners ins Auge: Es ist eine unverwüstliche Edelstahlkugel mit einem Durchmesser von acht Metern, deren Glitzern an sonnigen Tagen bis nach Meran wahrnehmbar ist. Die Skulptur steht auf einem kleinen Plateau in einem Privatgarten in Frangart gegenüber dem Messner Mountain Museum, das von einem anderen Messner, dem berühmten Bergsteiger, begründet wurde. Dreht man Franz Messners Kugel, spiegelt sich auf ihrer Oberfläche die ganze Welt. Himmelskugel wie »Knottnkino« verändern für Augenblicke unsere Wahrnehmung; wir sind gebannt und erwartungsvoll. Natur und Welt führen Regie, und wir sehen wieder schärfer.

Adresse Rotsteinkogel, erreichbar nur zu Fuß, der Weg mit der Markierung 12 a beginnt beim Gasthof Grüner Baum, Gehzeit 1 Stunde 15 Minuten, 39010 Vöran | **ÖPNV** Bus 201, Haltestelle Seilbahn Vöran (Ortschaft Burgstall) | **Anfahrt** MeBo SS 38, Ausfahrt Lana, die SP 69 Richtung Burgstall/Bozen nehmen, die Seilbahnstation ist auf der linken Seite an der Dorfausfahrt | **Öffnungszeiten** ganzjährig, witterungsabhängig | **Tipp** Die Leadner Alm ist vom Gasthof Grüner Baum aus in etwas mehr als eineinhalb Stunden über die Markierung 16 zu erreichen. Das Almgasthaus ist montags geschlossen.

110_Das Grandhotel Karersee

Karrieresprung

Das Gebäude hat etwas von einer Berglandschaft; die vielen Giebel aus Holz nehmen die Spitzen des dahinterliegenden Rosengartenmassivs vorweg und fügen sich perfekt in die Landschaft ein. Luxus und Alpenbegeisterung bescherten dem 1896 erbauten Grandhotel prominente Gäste wie Kaiserin Sisi, Winston Churchill und Agatha Christie, die hier ihren Krimi »Die Großen Vier« spielen ließ.

Leni Riefenstahl reiste mit ihrem Tiroler Finanzier und Geliebten Harry Sokal an den Karersee, nachdem sie auf der Bühne gestürzt war und ihre Tanzkarriere aufgeben musste. Vorher hatte sie am Berliner U-Bahnhof Nollendorfplatz ein Kinoplakat mit dem Titel »Berg des Schicksals« gesehen – der heroische Film von Arnold Fanck sollte ihr Leben verändern. Sie geriet ins Schwärmen, sah in den starren Bergen plötzlich »starkes, glutvolles Leben«, das sie mit Sehnsucht nach Kameradschaft und Nähe erfüllte.

Vier Wochen wohnte sie im Sommer 1925 im Grandhotel in den Dolomiten und hoffte, in dem renommierten Alpenhotel dem Regisseur Fanck oder einem seiner Schauspieler zu begegnen. Erst in letzter Minute lernte sie Luis Trenker kennen, den Hauptdarsteller, der eine Filmvorführung für Hotelgäste organisiert hatte. Riefenstahls Begeisterung und ihre Selbstsicherheit – sie sagte sogleich, sie spiele im nächsten Film mit – gingen Trenker auf die Nerven, hielten den Südtiroler aber nicht davon ab, eine leidenschaftliche Affäre mit dem »raffinierten Biest« zu beginnen und den Regisseur vor ihr zu warnen.

Fanck engagierte die »größte Tänzerin und schönste Frau Europas« sofort. Im »Großen Sprung« durchschwamm sie 1927 als männerbetörende Ziegenhirtin Gita spärlich bekleidet das sechs Grad kalte Gletscherwasser des Karersees und kletterte barfuß steile Felswände hoch, bis die Füße bluteten. Es war dies nach dem »Heiligen Berg« ihr zweiter Film mit Fanck und Trenker – er wurde ein großer Erfolg.

Adresse Karerseestraße 141, 39056 Welschnofen | **ÖPNV** Bus 180, Haltestelle Karersee | **Anfahrt** Brennerautobahn A 22, Ausfahrt Bozen-Nord, weiter auf der SS 12 Richtung Kardaun/Bozen/Jenesien/Ritten/Eggental, im Kreisverkehr 2. Ausfahrt auf SS 241 nehmen, durch das Eggental nach Welschnofen, weiter zum Karersee, das Hotel liegt 1,5 Kilometer vom See entfernt auf der linken Seite | **Tipp** Für anspruchsvolle Berggeher ist eine Umrundung des Rosengartenmassivs zu empfehlen, die bei der Paolinahütte oberhalb von Welschnofen beginnt und die Kölner Hütte (auch Rosengartenhütte genannt) zum Ziel hat.

111 Der Nivesstadel

Im Glashaus

Wie kaum ein anderer Ort in Südtirol hat sich Wolkenstein, dessen Name poetisch an den Minnesänger Oswald von Wolkenstein erinnert, in den letzten Jahrzehnten verändert. Aus dem romantisch und abseits gelegenen Bergdorf am Ende des Tals wurde eine veritable Tourismusmaschine. Mitten im Zentrum, am alten Pilgerweg Maria im Schnee, erinnerte einzig der sogenannte Nivesstadel aus dem 17. Jahrhundert an Wolkensteins bäuerliche Vergangenheit. Eingekesselt von Hotels und Pensionen, wirkte er wie ein Exot, der Letzte seiner Art aus einer längst vergangenen Zeit, dessen Sinn und Funktion sich nicht mehr sofort jedem erschloss.

Vielleicht war es dieses beinah märchenhafte und unwirkliche Dasein, das nachhaltig zu seinem Erhalt beitrug. Aus dem Heustadel wurde ein Kulturzentrum.

Der Architekt Rudolf Perathoner, der selbst im Grödner Tal zu Hause ist, gab dem Stadel ein völlig neues und technisch modernes Innenleben. Und einer geradezu fantastischen Eingebung folgend, setzte er einen ungewöhnlich klaren Glaskubus als Ergänzung neben das Holzhaus. Dieser Kubus scheint schwerelos auf der Wiese zu liegen. Für sich genommen wirkt er bei manchen stimmungsvollen Lichtverhältnissen wie eine architektonische Skulptur, transparent und offen. Als empfindsame Ergänzung zum schweren, soliden und in den Hang hineingestellten Stadel spiegeln sich im Glas die Reflexionen der Umgebung, und nichts, was in ihm geschieht, bleibt verborgen. Man darf das als Sinnbild sehen. Denn der Kulturstadel zeigt in seinen Ausstellungen und den damit verbundenen Events die tolerante Vielfalt der Kultur und Kunst im ladinischen Teil Südtirols. Es gibt keine Berührungsängste. Deshalb konnte man hier ausgestellte historische Trachten der ehemals bäuerlichen Bevölkerung ebenso als bemerkenswerte Kulturleistung anschauen wie avantgardistische Plastiken Südtiroler Gegenwartskünstlerinnen und -künstler.

Adresse Nivesstraße 6, 39048 Wolkenstein | **ÖPNV** Bus 350, Haltestelle Wolkenstein | **Anfahrt** A 22, Ausfahrt Klausen-Gröden Richtung Gröden auf SS 242 bis Wolkenstein, links auf Nivesstraße | **Öffnungszeiten** bei Ausstellungen Mo–So 16.30–19 Uhr | **Tipp** Die Ruine der mittelalterlichen Burg Wolkenstein liegt am Eingang vom Grödner Tal ins Langental in der Felswand der Stevia; erhalten sind nur Vorhof und südliche Talwand.

1
N
0
3,5 km
Kartographie: www.altancicek.de
Reschensee
65
64
Burgeis
Schleis
Mals
66
63
Glurns
46
45
Laas
58
Schlanders
Adige
Prad am
Stilfserjoch
97
Trafoi
96
Sulden
68
Martell
53
52
Tschars
80
Naturns
82
Partschins
St. Pankraz
103
St. Walburg
104

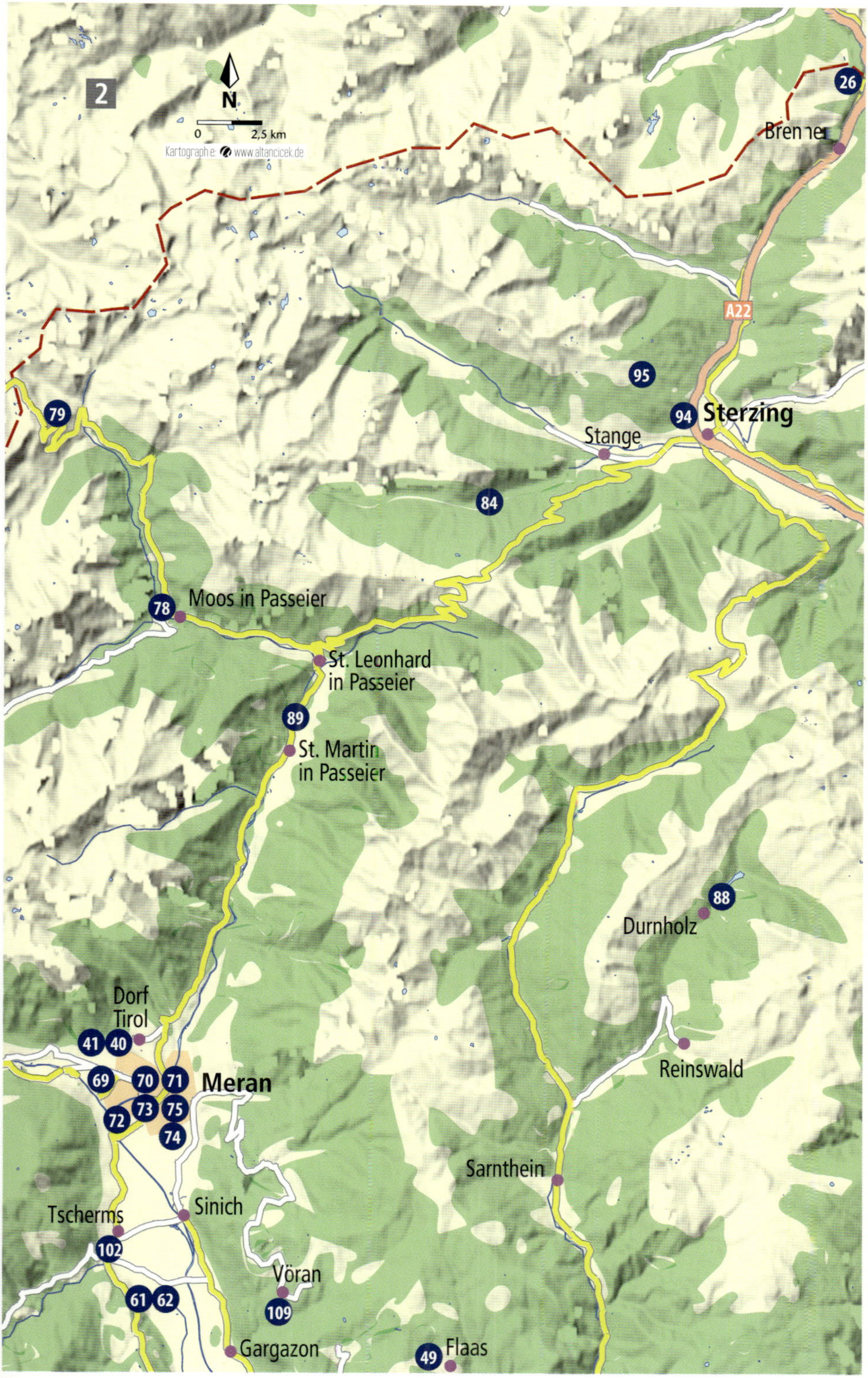
2
N
0
2,5 km
Kartographie: www.altancicek.de
Brenner
26
A22
95
94
Sterzing
Stange
84
79
78
Moos in Passeier
St. Leonhard
in Passeier
89
St. Martin
in Passeier
88
Durnholz
Dorf
Tirol
41
40
69
70
71
Meran
72
73
75
74
Reinswald
Sarnthein
Tscherms
Sinich
102
Vöran
61
62
109
Gargazon
49
Flaas

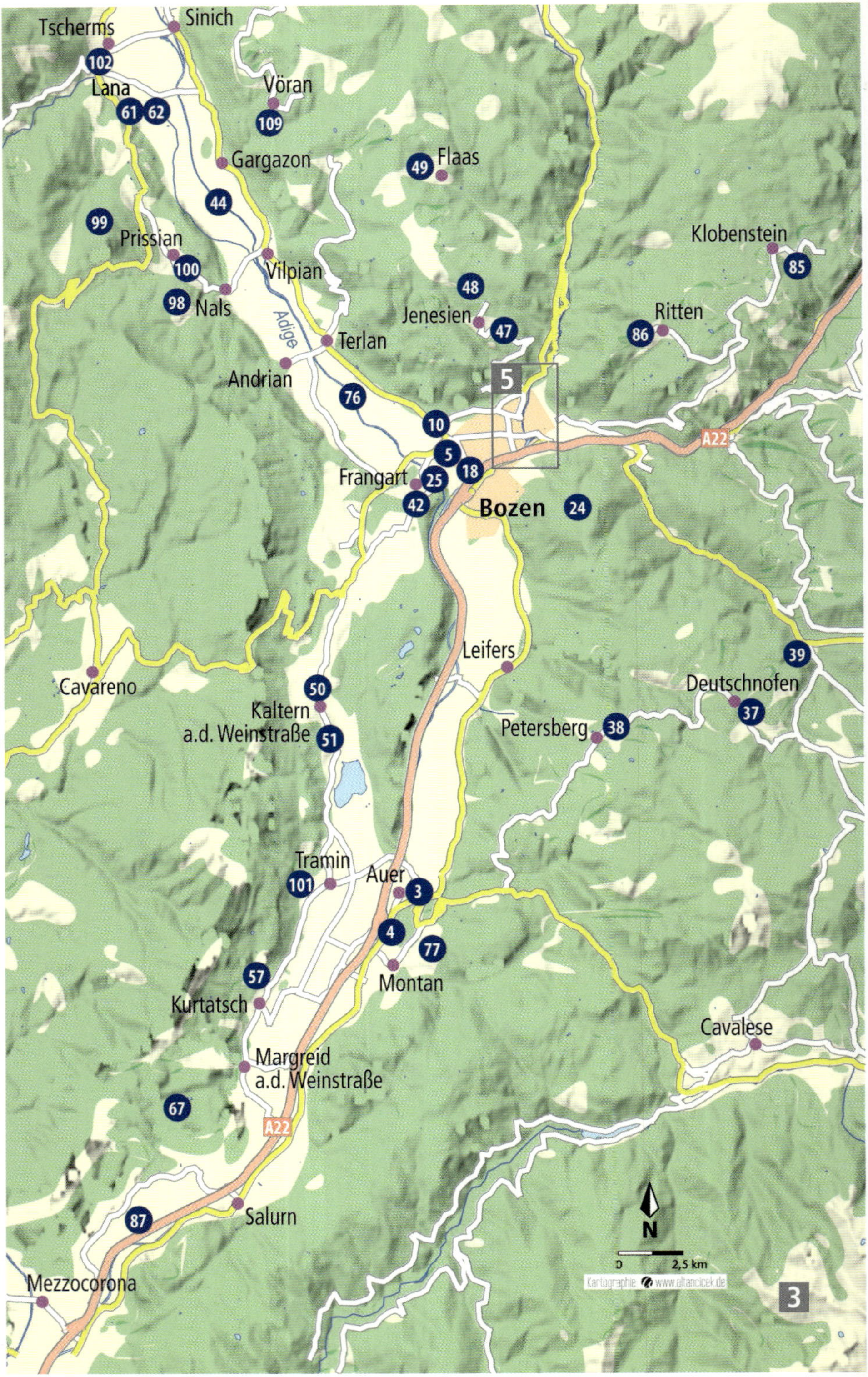
Tscherms
Sinich
102
Lana
61
62
Vöran
109
Gargazon
49
Flaas
44
99
Prissian
100
Vilpian
98
Nals
Adige
Terlan
48
Jenesien
47
Klobenstein
85
Ritten
86
Andrian
5
76
10
5
18
Frangart
25
42
Bozen
24
A22
Leifers
39
Deutschnofen
37
Cavareno
50
Kaltern
a.d. Weinstraße
51
Petersberg
38
Tramin
101
Auer
3
4
77
Montan
57
Kurtatsch
Margreid
a.d. Weinstraße
Cavalese
67
A22
87
Salurn
N
0
2,5 km
Mezzocorona
3

4
2
Ahrntal
Sand in Taufers
35
36
33
34
Kiens
Bruneck
81
Mitterolang
A22
43
Franzenfeste
105
Brixen
28
29
27
30
31
32
Sankt Martin in Thurn
91
90
83
A22
Villanders
56
Klausen
107
Villnöss
106
60
59
Lajen
Abtei
1
Kastelruth
93
92
St. Ulrich
55
111
Wolkenstein
54
Seis am Schlern
108
Völs am Schlern
N
0
3,5 km
Kartographie: www.altancicek.de
Welschnofen
Vigo di Fassa
110

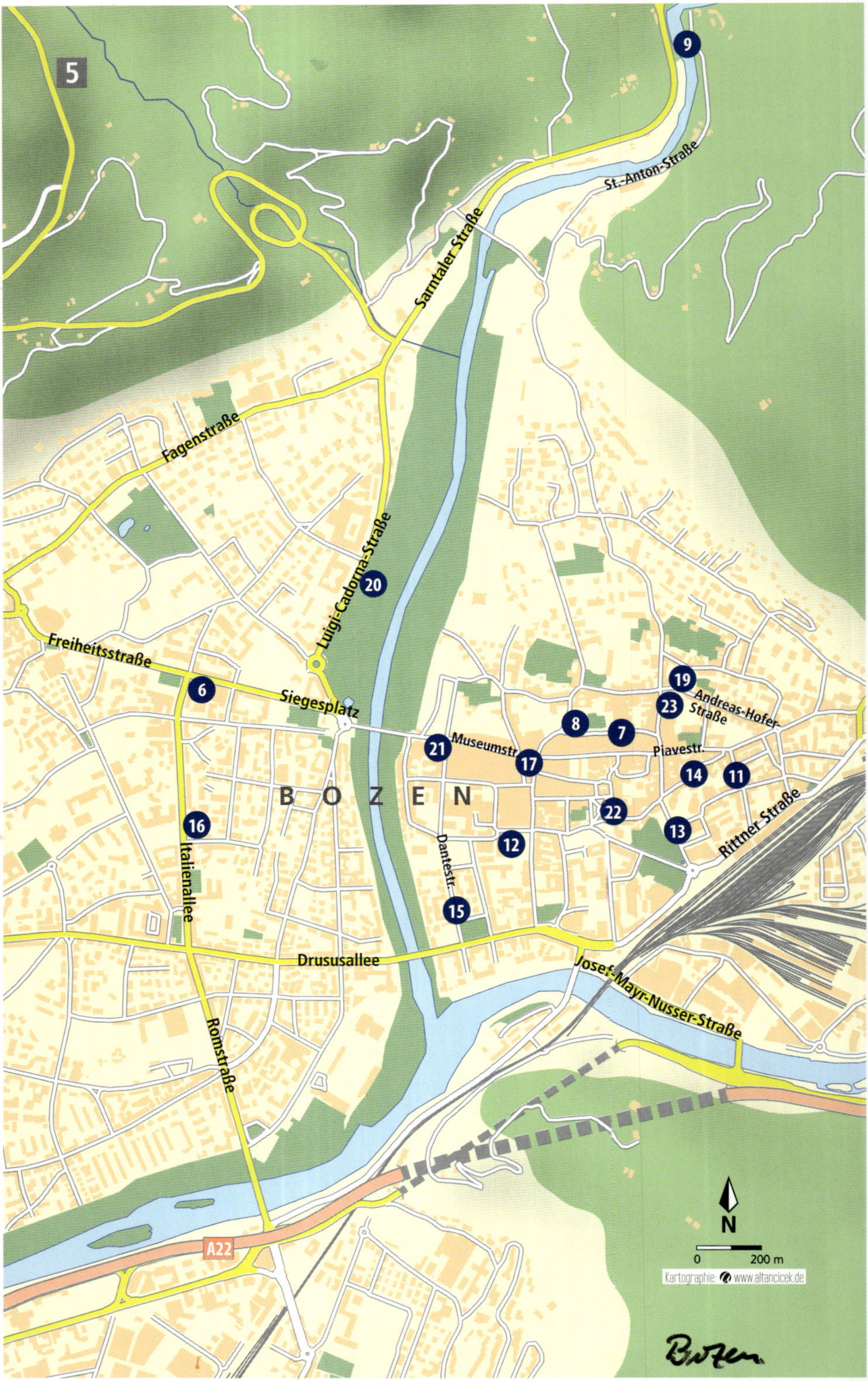
5
9
St.-Anton-Straße
Sarntaler Straße
Fagenstraße
Luigi-Cadorna-Straße
20
Freiheitsstraße
6
Siegesplatz
19
Andreas-Hofer-Straße
23
8
7
21
Museumstr.
17
Piavestr.
14
11
BOZEN
22
16
13
Rittner Straße
12
Dantestr.
Italienallee
15
Drususallee
Josef-Mayr-Nusser-Straße
Romstraße
A22
N
0
200 m
Kartographie: www.altancicek.de
Bozen

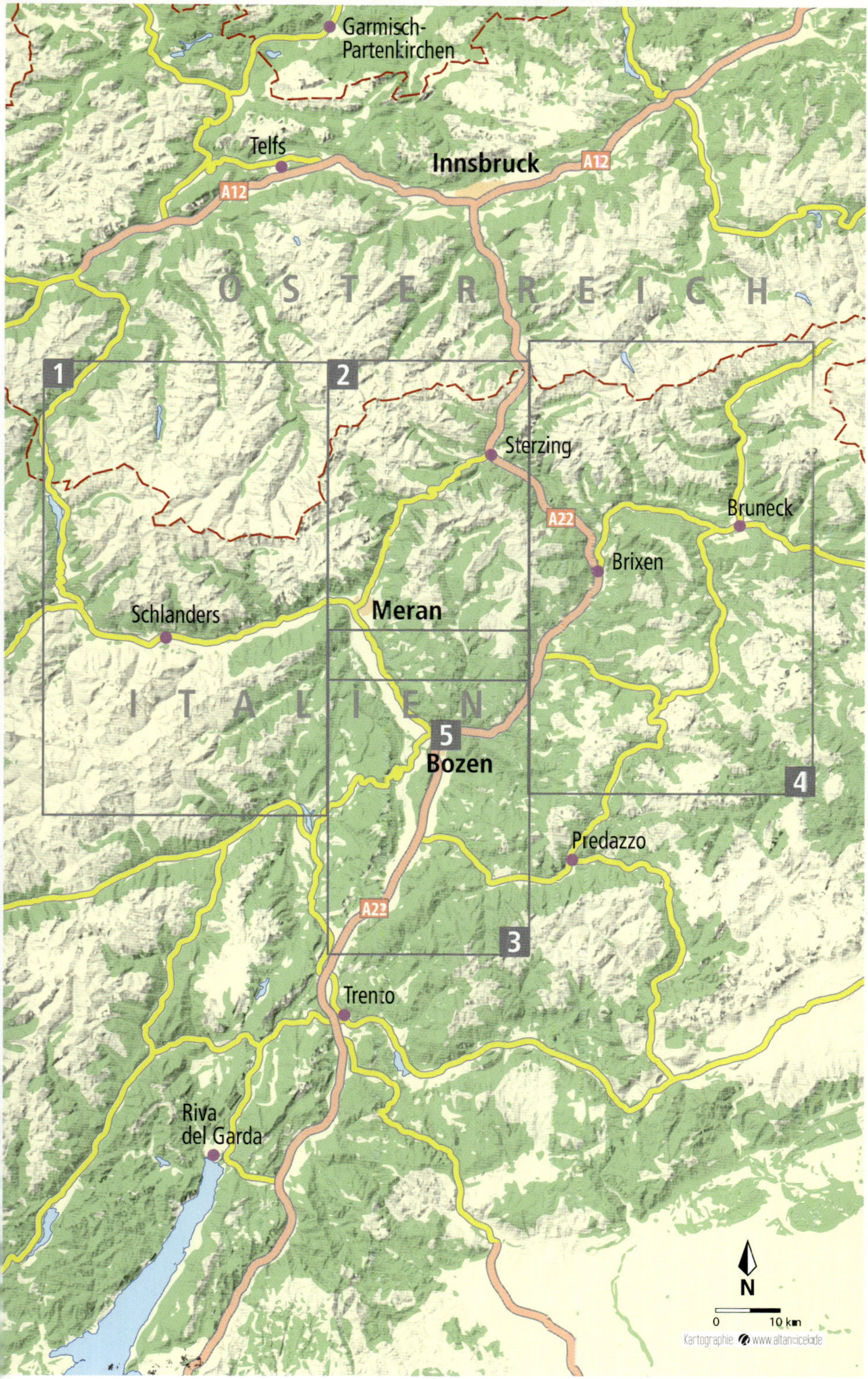
Garmisch-
Partenkirchen
Telfs
Innsbruck
A12
A12
ÖSTERREICH
1
2
Sterzing
A22
Bruneck
Brixen
Schlanders
Meran
ITALIEN
5
Bozen
4
Predazzo
A22
3
Trento
Riva
del Garda
N
0
10 km
Kartographie: www.altancicek.de

Rüdiger Liedtke
111 Orte auf Mallorca, die man gesehen haben muss
ISBN 978-3-89705-975-7

Susanne Thiel
111 Orte in Madrid, die man gesehen haben muss
ISBN 978-3-95451-118-1

Ralf Nestmeyer
111 Orte in der Provence, die man gesehen haben muss
ISBN 978-3-95451-094-8

Peter Eickhoff
111 Orte in Wien, die man gesehen haben muss
ISBN 978-3-89705-969-6

Stefan Spath
111 Orte in Salzburg, die man gesehen haben muss
ISBN 978-3-95451-114-3

Regine Zweifel
111 Orte in Paris, die man gesehen haben muss
ISBN 978-3-89705-823-1

Dirk Engelhardt
111 in Barcelona, die man gesehen haben muss
ISBN 978-3-95451-066-5

John Sykes
111 Orte in London, die man gesehen haben muss
ISBN 978-3-95451-117-4

Annett Klingner
111 Orte in Rom, die man gesehen haben muss
ISBN 978-3-95451-219-5

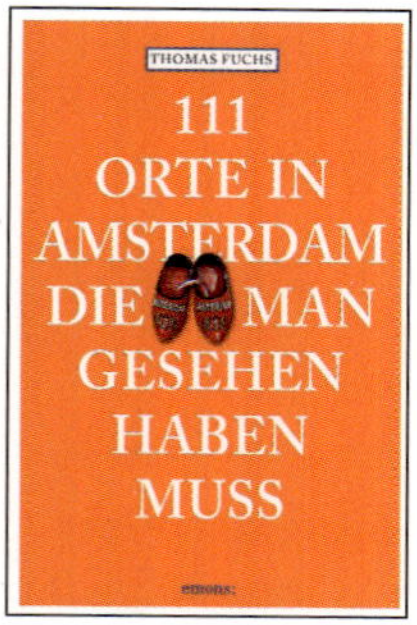

Thomas Fuchs
111 Orte in Amsterdam, die man gesehen haben muss
ISBN 978-3-95451-209-6

Stefan Spath / Gerald Polzer
111 Orte im Salzkammergut, die man gesehen haben muss
ISBN 978-3-95451-231-7

Christiane Bröcker, Babette Schröder
111 Orte in Stockholm, die man gesehen haben muss
ISBN 978-3-95451-203-4

Petra Sophia Zimmermann
111 Orte am Gardasee und in Verona, die man gesehen haben muss
ISBN 978-3-95451-344-4

Rike Wolf
111 Orte in Hamburg, die man gesehen haben muss
ISBN 978-3-89705-916-0

Bernd Imgrund
111 Kölner Orte, die man gesehen haben muss
Band 1
ISBN 978-3-89705-618-3

Gabriele Kalmbach
111 Orte in Dresden, die man gesehen haben muss
ISBN 978-3-89705-909-2

Lucia Jay von Seldeneck, Carolin Huder, Verena Eidel
111 Orte in Berlin, die man gesehen haben muss
ISBN 978-3-89705-853-8

Rüdiger Liedtke
111 Orte in München, die man gesehen haben muss
ISBN 978-3-89705-892-7

Die Autoren

Sabine Gruber, geboren und aufgewachsen in Südtirol, lebt heute als freie Schriftstellerin in Wien. Zuletzt erschien von ihr »Stillbach oder Die Sehnsucht«. Für ihre Romane erhielt sie zahlreiche Auszeichnungen.
www.sabinegruber.at

Peter Eickhoff arbeitet als Autor und Fotograf. Zuletzt erschien von ihm »111 Orte in Wien, die man gesehen haben muss«.